最能让人接受的
接受的
说话方式

张　瑞　编著

辽海出版社

图书在版编目（CIP）数据

最能让人接受的说话方式 / 张瑞编著 . — 沈阳：
辽海出版社，2017.10

ISBN 978-7-5451-4441-3

Ⅰ . ①最… Ⅱ . ①张… Ⅲ . ①语言艺术—通俗读物
Ⅳ . ① H019-49

中国版本图书馆 CIP 数据核字（2017）第 249660 号

最能让人接受的说话方式

责任编辑：柳海松
责任校对：顾　季
装帧设计：廖　海
开　　本：690mm×960mm　1/16
印　　张：14
字　　数：195 千字
出版时间：2017 年 11 月第 1 版
印刷时间：2018 年 8 月第 2 次印刷

出版者：辽海出版社
印刷者：北京一鑫印务有限责任公司

ISBN 978-7-5451-4441-3　　　　　定　　价：68.00 元

序言

现代社会讲究沟通的艺术。沟通无处不在，人际交流需要沟通；矛盾化解需要沟通；意见传达需要沟通；执行命令需要沟通；心灵交流需要沟通；增进情感需要沟通。可以说，人生处处离不开沟通，成功时时离不开沟通。用沟通化解难题，疏通障碍；用舌头代替拳头，用情感感化人心，这就是沟通的伟大力量。语言作为沟通的主体，会说话会使我们在和别人交流沟通的过程非常顺利，从而可能让我们在日后的工作和生活中都能游刃有余，左右逢源。

那么，好的沟通该如何进行呢？本书主要从以下几个方面为读者来解读：

首先，你需要给别人留下好的第一印象。人们总是在最初接触的一刹那就会对对方产生大概的印象，而这个印象直接决定了其好感程度。所以，在最初接触的一刹那你所说的每一句话都是至关重要的。

其次，学着让别人接受你。有效的语言，能为他人解开心结、赶走愁云、减轻压力、排除烦恼、重获信心……有效的说服能使迷蒙者幡然醒悟，改弦更张；能让宿敌消除怨恨，握手言和；能叫浪子迷途知返，改邪归正；能让固执者心中开窍，顺其自然……

第三，看准对象，再进行交流。你要说话，先要看准对象，他是愿意和你说话的人吗？如果所遇非人，还是不说为好；这个时候，你是要说话的时候吗？如果时候不对，还是不说话的好，说话的成功与失败，诚然与你的说话技术有关，而是否得其人得其时，也与你说话的技巧有很大的关系。多说话，别人未必当你是能干，少说话，也未必当你是呆子。

第四，工作中、生活中、学习中，处处都免不了和陌生人接触。然而，很多人在面对陌生人时，往往不知如何开口，不懂如何顺利地交谈。他们也因此失去了结交朋友、开展工作的机会。很多口才高手能和陌生人一见如故、侃侃而谈，他们的人生也因此更加精彩。

也许你很难相信，乡间老农一句话，常常比庙堂之上大人物100分钟的演讲动人，因为老农那一句话里面的"生命含量"很高，能够打动人心。同样，在这本书中，我们会为您呈现最富有生命含量的说话技巧，在这个竞争与合作的社会中，让你最短的时间里与陌生人建立共识，让自己始终看上去更值得信赖，同时我们也将抓住说话的关键点，轻松自在地运用比说话更有效的沟通技巧，从而令自己在不同的场合及不同人面前，都能够让自己备受欢迎和瞩目！

目　录

巧妙沟通三：学会打开陌生人的话匣子

巧妙沟通四：看准对象，察言观色

巧妙沟通五：到什么场合说什么话

巧妙沟通六：掌握说话的时机

巧妙沟通七：让自己的语言充满魅力

巧妙沟通八：用幽默的智慧感染他人

巧妙沟通九：用心倾听，无声胜有声

巧妙沟通十：学会巧妙地赞美他人

巧妙沟通十一：委婉含蓄的艺术

人生处处离不开沟通

现代社会讲究沟通的艺术。沟通无处不在，人际交流需要沟通；矛盾化解需要沟通；意见传达需要沟通；执行命令需要沟通；心灵交流需要沟通；增进情感需要沟通。可以说，人生处处离不开沟通，成功时时离不开沟通。用沟通化解难题，疏通障碍；用舌头代替拳头，用情感感化人心，这就是沟通的伟大力量。

沟通的定义

沟通是人与人之间、人与群体之间思想与感情的传递和反馈的过程，以求达成思想的一致和感情的通畅。它是一个人获得他人思想、感情、见解、价值观的一种途径，是人与人之间交往的一座桥梁，通过这座桥梁，人们可以分享彼此的感情和知识，也可以消除误会，增进了解。

沟通的信息是包罗万象的。在沟通中，我们不仅传递消息，而且还表达赞赏、不快之情，或提出自己的意见观点。这样沟通信息就可分为：事实、情感、价值观、意见和观点。

如果信息接受者对信息类型的理解与发送者不一致，就有可能导致沟通障碍和信息失真。在许多发生误解的问题中，其核心都在于接受人对信息到底是意见观点的叙述还是事实的叙述混淆不清。比如，"小王常常在单位的组织生活会上发言"和"小王爱出风头"是两人对同一现象作出的描述，一个良好的沟通者必须谨慎区别基于推论的信息和基于事实的信息。也许小王真的是爱出风头，也有可能是他关心集体事业，畅所欲言，踊跃给领导提出合理化建议。另外，沟通者也要完整理解传递来的信息，既获取事实，又分析发送者的价值观、个人态度，这样才能达到有效的沟通。

俗话说，"横看成岭侧成峰，远近高低各不同"。在了解沟通力含义的基础上，依据不同的划分标准，可以把沟通分为不同的类型。

按照沟通的模式，可分为语言沟通和非语言沟通，语言沟通又包括书面沟通与口头沟通。语言沟通主要用于信息的传递；非语言沟通指肢体语言的沟通，它传递的是人与人之间的思想和情感，比如手舞足蹈、眉目传情、含情脉脉、顾盼生姿，等等。

此外，根据是否是结构性和系统性的，沟通分为正式沟通和非正式沟通；根据在群体或组织中沟通传递的方向，分为自上而下沟通、自下而上沟通和平行沟通；根据沟通中的互动性，分为单向沟通与双向沟通；从发送者和接收者的角度而言，包括自我沟通、人际沟通与群体沟通，等等。

1. 言语沟通

言语沟通建立在语言文字的基础上，又可细分为口头沟通和书面沟通两种形式。人们之间最常见的沟通方式是交谈，也就是口头沟通。常见的口头沟通包括演说、正式的一对一讨论或小组讨论、非正式的讨论以及传闻或小道消息传播。书面沟通包括备忘录、信件、组织内发行的期刊、布告栏及其他任何传递书面文字或符号的手段。

其中，口头信息沟通方式十分灵活多样，它既可以是两人间的娓娓深谈，也可以是群体中的雄辩舌战；既可以是正式的磋商，也可以是非正式的聊天；既可以是有备而来，也可以是即兴发挥。口头信息沟通是所有沟通形式中最直接的方式。它的优点是快速传递和即时反馈。在这种方式下，信息可以在最短时间内被传送，并在最短时间内得到对方回复。如果接受者对信息有疑问，迅速的反馈可使发送者及时检查其中不够明确的地方并进行改正。

但是，口头信息沟通也有缺陷。信息从发送者一段段接力式传送的过程中，存在着巨大的失真的可能性。每个人都以自己的偏好增删信息，以自己的方式诠释信息，当信息经长途跋涉到达终点时，其内容往往与最初的含义存在重大偏差。如果组织中的重要决策通过口头方式，沿着权力等级链上下传递，则信息失真可能性相当大。而且，这种沟通方式并不是总能省时，官僚主义作风常常制造出许多毫无价值的马拉松式的会议，正如那些参加了毫无结果，甚至也不需要结果的会议的主管所了解的那样，按照时间与费用而论，这些会议代价很大。

书面信息沟通具有一系列的优点。

首先，书面记录具有有形展示、长期保存、可作为法律保护依据等优点。一般情况下，发送者与接受者双方都拥有沟通记录，沟通的信息可以长期保存下去，便于事后查询。一个新产品的市场推广计划可能需要好几个月的大量工作，以书面的方式记录下来，可以使计划的构思者在整个计划的实施过程中有一个依据。其次，书面沟通显得更加周密，逻辑性强，条理清楚。书面语言在正式发表之前能够反复修改，直至作者满意。作者所欲表达的信息能被充分、完整地表达出来，减少了自己情绪、他人观点等因素对信息传达的影响。

最后，书面沟通的内容易于复制、传播，十分有利于大规模传播。

当然，书面沟通也有自己的缺陷。相对于口头沟通而言，书面沟通耗费时间较长。同等时间的沟通，口头比书面所传达的信息要多得多。此外，书面沟通缺乏内在的反馈机制，不能及时提供信息反馈，其结果是无法确保所发出的信息能被接收到，即使接收到，也无法确保接受者对信息的解释正好是发送者的本意。发送者往往要花费很长的时间来了解信息是否已被接收并被准确地理解。

2. 非言语沟通

非言语沟通是指通过某些媒介而不是讲话或文字来传递信息。在礼节性拜访中，主人一边说"热烈欢迎"，一边不停地看手表，客人便该知道起身告辞的时间已到。事实上，在言语只是一种烟幕的时候，非言语的信息往往能够非常有力地传达"真正的本质"。扬扬眉毛、有力地耸耸肩头、突然离去，都能够传达许多具有价值的信息。

非言语沟通内涵十分丰富，为人熟知的领域是身体语言沟通、副语言沟通、物体的操纵等。

身体语言沟通是通过动态无声的目光、表情、手势语言等身体运动或者是静态无声的身体姿势、空间距离及衣着打扮等形式来实现沟通。人们可以借由面部表情、手部动作等身体姿态来传达诸如攻击、恐惧、腼腆、傲慢、愉快、愤怒等情绪或意图。比如，在你一日最忙碌的时刻里，有位职员来造访，讨论一个问题。你和他把问题解决之后，这位职员却站着不走，并把话题转向社会时事。在你的内心里，很希望立即终止这个讨论而去继续工作，可是在表面上，你却很礼貌、专注地听着，然后，你把椅子往前挪了一下，并坐直了身子且整理你桌上的公文。不管这举动是潜意识的抑或故意的，它们都刻画出你的感觉并暗示这位职员"该是离开的时候了"，除非这位职员没有感觉或太专注于自己的话题，否则谈话很可能因彼此间的默契，而获得结束。

人与人之间的空间位置关系，也会直接影响个人之间的沟通过程。有关研究证实，学生对于课堂讨论的参与直接受到学生座位的影响。在倾向上，以教师讲台为中心，座位越居中心位置，学生对于课堂讨论的参与比例也越大。沟通中空间位置的不同，还直接导致沟通者具有不同的沟通影响力，有些位置对沟通的影响力较大，有些位置影响力较小。比如，同一种发言，站到讲台上讲，与在台下自由发言所引起的作用是不同的，高高的讲台本身具有某种权威性。

沟通者的服饰往往也扮演着信息发送源的角色。比如，在外交场合，穿笔挺的深色西服，系深色领带，给人以庄重威严之感；而在日常会见时，穿浅色的休闲服，则显示亲民色彩。心理学家称非语词的声音信号为副语言。最新的心理学研究成果揭示，副语言在沟通过程中起着十分重要的作用。一句话的含义往往不仅决定于其字面的意义，而且决定于它的弦外之音。语音表达方式的变化，尤其是语调的变化，可以使字面相同的一句话具有完全不同的含义。比如一句简单的口头语"真棒"，当音调较低，语气肯定时，"真棒"表示由衷的赞赏。而当音调升高，语气抑扬，说成"真棒"时，则完全变成了刻薄的讥讽和幸灾乐祸。

沟通是人类组织的基本特征和活动之一。没有沟通，就不可能形成组织和人类社会。沟通是维系组织存在，保持和加强组织纽带，创造和维护组织文化，提高组织效率、效益，支持、促进组织不断进步发展的主要途径。

最能让人接受的说话方式

有效的沟通让我们高效率地把一件事情办好，让我们享受更美好的生活。善于沟通的人懂得如何维持和改善相互关系，更好地展示自我需要、发现他人需要，最终赢得更好的人际关系和成功的事业。体验沟通的力量，在当今这个高速发展变化的时代，沟通越来越受到人们的重视，一个人发展的成功与否往往由这个人的沟通能力决定。现代社会里的商品交换、商贸谈判、政治交往，都需要通过语言的说服与沟通来完成。

在一个寒冷的冬天，一个衣衫褴褛双目失明的老人，忍受着刺骨的寒风，可怜巴巴地跪在一条繁华的街道上行乞。他脏兮兮的脖子上挂着一块木牌，上面写着："自幼失明"。一天，一位诗人走到老人身边，老人便伸出手向诗人乞讨。诗人摸了摸干瘪的口袋，无奈地说："我也很穷，但是我可以送你一样别的东西。"说完，他从兜里掏出笔，在木牌上写了几个字，起身告别了老人。

自那以后，老人得到了很多人的同情和施舍，可是他对此却大惑不解。不久，诗人与老人邂逅。老人问诗人："你那天在我的木牌上写了什么东西呀？"诗人笑了笑，捧着老人脖子上的木牌念到："春天就要来了，可我不能见到它。"诗人一抬头，看见老人的眼眶里包含着晶莹的泪花。

这就是沟通的艺术。聪明的人用甜美的语言让事实增值，愚蠢的人用糟糕的语言让事实贬值。

不同的人有不同的观点，不同的组织有不同的理念，不同的国家有不同的有效沟通。

有效沟通能够满足人们彼此交流的需要，有效沟通能够使人们达成共识，更多地合作；有效沟通够能获得有价值的信息，使个人进行清晰的思考，有效把握所做的事情。正是由于这如此多的"不同"，矛盾和误会不可避免。但是，聪明者总是用语言来化解隔阂，解决问题；愚蠢的人总是挥舞着拳头来使矛盾激化，制造事端。征服一个人，以至于征服一群人，用的往往不是刀剑，而是舌尖。

老孙要去与总经理争论，"我们虽然是工人，但是我们也是人，怎么能动不动就加班，连个慰问都没有！年终奖金也没有几个钱。"老孙出发之前，义愤填膺地对同事们说，"我要好好训训那个自以为是的经理。"

"我姓孙，和经理约好的。"老孙对经理秘书说。

"是的是的，经理在等您，不过不巧，有位客户临时有急事找经理，麻烦您稍等一下。"秘书客气地把老孙带到会客室，请他坐下，又堆上一脸笑，"您是喝咖啡还是喝茶？"

"我什么都不喝。"老孙小心翼翼地坐进大沙发。

"总经理特别交代，如果您喝茶，一定要泡上好的龙井。"

"那就茶吧！"

不一会，秘书小姐端进连着茶托盘的盖碗茶，又送上一碟小点心："您慢用，总经理马上出来。"

"我是老孙，你没有弄错吧！"

"当然没有弄错，您是公司元老，经理经常说起你们最辛苦了，一般同事加班到八点，你们得忙到九点，实在心里过意不去。"

正说着，经理已经大跨步地走出来，跟老孙握手："听说您有急事？不好意思我来晚了。"

"其实，也……也……也没什么大不了的，几位工友叫我来看看经理您……"

不知道为什么，老孙那一肚子不吐不快的怨气，一下子全不见了。临走还不断对经理说："您辛苦，您辛苦，打扰了！"

通过秘书小姐的沟通，在经理还没有出面的时候，问题就已经解决了一半。

事实上，在每个组织当中都不应当出现争执，只要我们能够善用沟通，能够用沟通化解隔阂，让彼此敞开心扉，即使对峙双方实力悬殊，

最能让人接受的说话方式

能够通过言语沟通解决的问题何必以强凌弱呢？

　　1942年，美英两国决定不开辟第二战场，而开辟非洲战场，即"火炬计划"。为了表示诚意，丘吉尔亲自到莫斯科与斯大林会谈。

　　斯大林严厉地质问说："据我所知，你们不想用大量的兵力来开辟第二战场，甚至也不愿意用6个师登陆了。"

　　"的确如此，斯大林阁下。"丘吉尔诚恳地说，"事实上，我们有足够的兵力登陆，但是我们觉得现在在欧洲开辟第二战场还不是时候，因为这有可能破坏我们明年的整个作战计划。战争是残酷的，不是儿戏。我们不能轻易作出某一决策。"

　　斯大林的脸色更加难看了，厉声说："对不起，阁下，您的战争观与我的不同，在我看来战争就是冒险，没有这种冒险的精神，何谈胜利？我真是不明白，你们为什么那么害怕德军呢？"气氛紧张起来。丘吉尔看到斯大林的态度如此坚决，为了打破令人窒息的气氛，只好转变话题，谈谈对德国轰炸的问题。经过这番谈话后，紧张的气氛有所缓和。斯大林的脸上也出现了一丝笑意。

　　丘吉尔认为现在是说出英美两国商定的"火炬计划"的时候了，于是说："那么，尊敬的阁下，现在来谈谈法国登陆的事情吧，我是专门为这而来的。事实上，我认为法国并非唯一的选择，我们和美国人制定了另外一个计划。美国总统罗斯福先生授权我把这个计划秘密地告诉您。"

　　斯大林看丘吉尔一副神秘的表情，不禁对这个"火炬计划"产生了兴趣。丘吉尔简单地介绍了"火炬计划"的内容，斯大林很感兴趣，还谈了他对这个计划的理解和意见，丘吉尔表示赞同。

　　此时，虽然斯大林对英美推迟在法国登陆的事情不悦，但是气氛已明显缓和。丘吉尔又继续说："我们还打算把英美联合空军调到苏联军队南翼，以支援苏军。"这回斯大林的脸上才露出了满意的表情。至此会谈已是云开雾散。

　　紧接着，丘吉尔顺水推舟，说到："现在我们三国已经建立联盟，我相信只要我们齐心协力，就一定能够取得胜利。"这样，斯大林最终接受了"火炬计划"。丘吉尔见斯大林心情不错，随即说："尊敬的阁下，您已经原谅我了吗？"斯大林哈哈一笑，说："这一切都已经过去了，过去的事情应该归于上帝。"

"一言可以兴邦，一言可以丧邦"，在解决国与国之间关系的外交领域，口才的重要作用主要体现在外交谈判以及化解经济、军事、贸易等重要冲突的外交斡旋中，对此，古今中外的远见卓识者和成功的政治家历来都给予了高度的重视，无不把高超的外交谈判和斡旋能力作为实现政治目标的首要手段。

这是一个沟通的年代，世界的主流是崇尚文明与发展的，当强国企图吞并弱国，战争迫在眉睫的时候；当自己国家的尊严受到伤害，被人无礼践踏的时候；当国与国之间发生利益纠纷，矛盾即将激化的时候。不是用拳头解决问题，而是用舌头来化解危机。这就是沟通的力量。生活中没有沟通，就没有快乐人生；事业中没有沟通，就没有成功；工作中没有沟通，就没有很好的合作；管理中没有沟通，就谈不上管理。

沟通，无处不在无时不在

沟通无处不在，无时不在，无论是在家里或是工作中，都会存在沟通。

沟通是人与人之间进行信息交流的必要手段，每一个人都离不开沟通。销售人员要推销自己的产品，就要与客户进行有效的沟通；管理者为了更好地做好上传下达，需要进行良好的沟通；对售后服务人员来说，良好的沟通就是你处理客户关系的关键武器。在生活中，父母同样需要和孩子进行有效的沟通，才能更有助于孩子的成长；夫妻之间也需要良好的沟通，才能增进彼此的感情；另外，婆媳关系、朋友关系等都需要良好的沟通。

从沟通组成看，一般包括三个方面：

沟通的内容，即文字。工作的计划、安排以及汇报，很多时候要用到文字，如果你能提高自己的文字水平，就能提高你的工作效率，沟通就不成问题，假如你写的材料让其他人无法琢磨、无法看得懂，那你说能沟通得好吗？

沟通的语调和语速，即声音。声调和语速有时需要快，而有时需要慢，要恰到好处。这只有自己在平时的沟通中去体会。

沟通中的行为姿态，即肢体语言。肢体语言要记住不能用手指去表达，或者是用手上的笔和筷子去表达，一定要结合自己的语言和笑容去描绘，作出一些动作来传达你的态度。经常用肢体语言的人心态都是乐观、积极的。举一个简单的例子：假如让你去逗一个小孩玩，你能不用到肢体语言吗？光用嘴巴说，对方肯定觉得你很奇怪，但是你只要用上肢体语言一起表达，效果就会不一样。事实说明，能用肢体语言的时候是你精神状态及心理状态非常好的时候，所以这种沟通能给对方创造较好的沟通场景。

沟通最忌讳的是一脸死相。相由心生，有悦色，才会有和气，有和气才会有婉容。同时，影响沟通的关键要素还有场景、气氛及情绪，这些随时都要调节。

不要对自己在沟通上的障碍感到绝望或是放弃！再会沟通的人和再好的交流家也是一点一点磨练出来的。即使对方看上去是在对你发脾气，或者是冷落你，也不要与他正面出击。别人的情绪或反应很可能和你一样是由于畏惧或是受到挫败而造成的。我们要改变不良的思考方式和表达方式，改变不良的行为和信念，要看目标而不是看障碍。

有些人无论在生活中，还是工作中，人际关系都处理得非常和谐，就是因为他们掌握了有效的沟通技巧。沟通是一门学问、一门艺术，良好的沟通技巧能让你与对方产生很好的感情；让你得到你想要的信息，增进双方的了解，让双方在一种心情舒畅的过程中达成共识。

不要以为在沟通时不隐瞒、真实地表达就行了，或者是话语多、会说话就可以了，当然我们如果不以诚相待就根本谈不上良性沟通，真知灼见合理碰撞时也会有不欢而散的时候。

沟通，除了知其讲话的本意外，还要知其所以然。一般人以为能言善辩或擅于察言观色就是好的沟通，其实不然。沟通者还要懂得倾听对方的观点。每个人都有表现欲。你若两眼注视着对方、不时地点首微笑，偶尔插话相附和，效果比各抒己见要好得多。只有根据不同的人找出"共同语言"的结合点、投其所好方能广结人缘。比如一些喜欢重结果不重过程的领导，我们推销以谈结果为主；对注重过程的领导，我们推销就得按部就班地汇报每个过程。两者若颠倒一下就不行了。同理，对不同学历、不同地位的人的沟通也应相应地"对症下药"才行。你既要有个性化的表达和沟通，又必须掌握许多有共同性的沟通方式与技巧。

1. 选择积极的用词与方式

在保持一个积极态度的同时，沟通用语也应当尽量选择体现正面意思的词。比如说客户，常用的说法是"很抱歉耽误您这么久"。这"抱歉耽误"实际上在潜意识中强化了对方"耽误"这个感觉。比较正面的表达可以是"非常感谢您耐心听我这么长时间的介绍"。

2. 擅用"我"代替"你"，擅用"我们"代替"我"

比如，"请问，我可以得到一张您的名片吗？""我们想要你到哪个单位去，这是公司目前最需要的安排。"语言表达技巧是一门大学问，语言讲话其实是你心智的反映，我们说话的语言格局要高。有些人恰恰不懂得这些，沟通不人性化。不要认为只有口头语才能让人感到亲切。我们对表达技巧的熟练掌握和娴熟运用，可以在整个交流过程中体现出最佳的形象。

3. 针对不同的沟通对象采取不同的沟通态度

如上司、同事、下属、朋友、亲人等，即使是相同的沟通内容，也要采取不同的声音和行为姿态。其实，很多时候对一个事情的判断，并不能简单地以应该不应该和好不好来区分。你什么时候做这件事，把这件事做到什么程度，会直接影响到这件事的本质。要特别强调做事的分寸，"过"和"不及"都是要尽量避免的。我们提倡仁爱、提倡真诚友好的沟通，并不是要大家丧失原则地去宽容所有不友好的人和事。

4. 沟通中要肯定对方的内容，不仅仅说一些敷衍的话

这可以通过重复对方沟通中的关键词，甚至能把对方的关键词经过自己语言的修饰后，回馈给对方。这会让对方觉得他的沟通得到您的认可与肯定。

5. 沟通中的聆听

聆听不是简单的听就可以了，需要你把对方沟通的内容、意思掌握全面，这才能使自己在回馈给对方的内容上，与对方的真实想法一致。在沟通中不等对方把话说完，就急于表达自己的想法，是不对的。

6. 沟通中的"先跟后带"

无论什么职业或者是任何部门，都可以使用这种技巧。"先跟后带"是指，即使你的观点和对方的观点是相对立的，在沟通中也应该先站到对方立场上去感受他的观点，并且要认同他所说的，然后再通过你的语言和内容的诱导抛出你的观点，把对方的立场转变到你的思维方式上来，化被动为主动。

沟通是一种自然而然的、必须的、无所不在的活动。通过沟通可以交流信息和获得感情与思想。在人们工作、娱乐、居家、买卖时，或者希望和一些人的关系更加稳固和持久时，都要通过交流、合作、

达成协议来达到目的。

掌握低成本的沟通技巧、了解如何有效地传递信息能提高人的办事效率，而积极地获得信息更会提高人的竞争优势。好的沟通者可以一直保持注意力，随时抓住内容重点，找出所需要的重要信息。他们能更透彻地了解信息的内容，拥有最佳的工作效率，并节省时间与精力，获得更高的生产力。

沟通与人际关系两者相互促进、相互影响。有效的沟通可以赢得和谐的人际关系，而和谐的人际关系又使沟通更加顺畅。相反，人际关系不良会使沟通难以开展，而不恰当的沟通又会使人际关系变得更坏。

在当今这个高速发展的信息时代，随着传播手段的日益现代化，社会竞争日趋激烈，以及人与人之间关系和交往的密切，在社会生活的各个领域，沟通能力的大小越来越起着举足轻重的作用。一个人与人沟通的能力如何，常常被当作考核这个人综合能力的重要指标，一个人的发展成功与否也往往由此所决定。

因此，在现代生活中，我们越来越重视口才和沟通力方面的知识和修养，培养自己"知识就是财富，口才就是资本"的理念，充分认识到卓越的口才和良好的沟通能力是决胜人生的资本。

沟通无处不在，日常人与人的聊天、说话办事、公务应酬、商业谈判、销售领域、公关等都离不开沟通，因为有了沟通，人际关系会更加稳固与和谐；有了沟通、事业才能成功、生意才能兴隆；有了沟通，事情才能办得顺利，一切才会顺心遂意。

一个人的成功离不开沟通

人际交往并不总是处于和谐状态，其中也会掺杂着个人的情感喜好、主观偏见甚至矛盾。对于我们自己喜欢的人，往往会用好的礼仪去接纳，而对于看不顺眼的人，可能就表现出无理或不尊重的态度。

某文艺编辑曾讲过一段故事。他约一位名作家写稿，该作家非常难合作，各报社的编辑对他大伤脑筋。因此，这个编辑在见面前也相当紧张。一开始果不出所料，怎样都谈不拢。作家一味地说："是吗……""也许是吧""这我还真不清楚"，闹得这位编辑很是头痛。只好打定主意，改天再来，于是闲谈起来。

他把几天前在一本杂志上看到的有关该作家作品近况的报道搬出来。说："您的大作最近要翻译成英文，在美国出版了？"作家见对方如此关心自己，就很感兴趣地听下去。编辑又说："您的写作风格能否用英文表现出来？"作家说："就是这点令我担心……"他们就在这种融洽的气氛中继续谈了下去。本来已不抱希望的编辑，此时又恢复了自信，获得了作家答应写稿的允诺。

没有人会喜欢一个谈话时只讲他自己，而不关心对方的人。人们只愿意和那些与自己有共同话题的人交往。

一般人在人际沟通上会出现四种型态：肯定自己，肯定别人；肯定自己，否定别人；否定自己，肯定别人；否定自己，否定别人。沟通型态可分为被动的，激进的与肯定而明确的三种，也有人将沟通型态分成讨好型（内心深处可能自以为是没人喜欢的）、责备型（内心深处可能反映出寂寞与不成功感）、理性分析型（内心深处可能自以为是易受伤害的或易受攻击的；只有对的、理想性的对话），以及一致性型（内心深处可能认为自己是个有价值感的人，别人也是值得信赖的）。其中以肯定自己、肯定别人、肯定而明确的，以及一致性型态最有助于人际关系的增进与开展。

适应是交际礼仪的需要。当面对一个性格不合的人，你是让自己适应他还是让他适应你？当你来到一个陌生的人群中，你会在多长时间内适应周围各种各样的人？可以说，人与人之间，都有一个艰难的适应过程，无论是孤独闭塞的人还是阅历丰富的人，在这一点上，谁都不能避免。

人际适应上的困难正显示出我们沟通上已出现了障碍，或沟通型态、方式上的僵固与自限，致使有"话不投机半句多"的情形，而无法与他人继续对谈下去。我们常发现许多小朋友很在乎同伴是否"跟他好"；在校的学生也很关心自己的形象，在意别人理不理他，在意是否受到同学欢迎；而成年人，更是渴望从别人那里得到肯定与归属感。这些现象都说明了人是多么在乎别人对自己的态度，以及受别人影响。当然，受欢迎的人，必定能和他人建立起良好的人际关系，实现良好的沟通；反之，如果人际关系不佳，发生人际间冲突，沟通不畅，就会造成人际适应上的问题，甚至影响到一般的社会活动和正常的工作、生活。

每个人在自己所接触的人中，必然会有与自己合得来和合不来两种类型的人。若是在学生时代，可以避免与自己性格不合的人交往，但是在特定场合，你必须学会适应别人，尤其是你平时"看不惯"的那些人。

试着让自己学会主动适应面前的人，你的变际之路就会广阔起来。

1. 要认清对方的特点，然后采取适宜的交往法则

比如，对于心思比较细，重视礼节的人，若采取无所顾忌的粗鲁的方法，那你们之间就不可能建立起和谐融洽的关系。相反，对于不拘小节的人，过于小心谨慎地应对，对方会很厌烦，自然也不会建立起良好的人际关系。要想使自己的人际关系和谐，要想使自己轻松愉快地工作，那就一定要努力适应别人，采取与之相应的交往法则。

2. 转变自己的立场

为了与自己性格合不来的人建立起良好的人际关系，平时多用心、

多留神是非常必要的。在掌握了人际关系基本常识的基础上，无论遇到任何事，都要试着改变一下自己的思维，改变一下自己的观点和看法。做这些努力对彼此之间关系的好转大有作用。

3. 用沟通和包容去融化你与他人的心灵坚冰

包容和欣赏是礼仪的最高境界。包容他人的缺点，欣赏对方的优点，你们之间的关系就会和谐起来。

人际交往的不和谐多半由于沟通不当造成的，各自对意见和观点的偏执、不能适应他人等会给人际交往造成障碍。沟通时要坦诚接纳彼此的看法，并积极地倾听对方所表达的信息；彼此的要求和请求要合情合理。尊重他人的自由与适度地自我肯定表达；不要建立在"别人应该知道我的意思"的错误假设上来与人沟通。

企业管理离不开沟通

管理心理学中有一个著名的"蜂舞"法则：奥地利生物学家弗里茨经过细心的研究，发现了蜜蜂"舞蹈"的秘密。蜜蜂的舞蹈主要有"圆舞"和"镰舞"两种形式。工蜂回来后，常做一种有规律的飞舞。如果工蜂跳圆舞，就是告诉同伴蜜源与蜂房相距不远，约在 100 米左右。如果工蜂跳镰舞，则是通知同伴蜜源离蜂房较远，路程越远，工蜂跳的圈数越多，频率也越快。如果跳"8"字形舞，并摇摆其腹部，舞蹈的中轴线跟巢顶的夹角，正好表示蜜源方向和太阳方向的夹角。蜜蜂跳舞时头朝上或朝下，与告知蜜源位置之方向有关：跳舞时头朝上时，表明找寻蜜源位置必须朝着太阳的方向飞行。"蜂舞"法则揭示的道理是：信息是主动性的源泉，加强沟通才能改善管理的效果。管理者要像蜜蜂采蜜一样，吸取各种沟通方式的特点，将"蜂舞"揉到自己的管理艺术中。

有关研究表明，管理中 70% 的错误是由于不善于沟通造成的。沟通能力在管理中很重要，沟通是解决一切问题的基础。沟通不是万能的，但没有沟通却是万万不能的。

玫琳凯化妆品的创始人玫琳凯女士说："企业就是要通过人与人之间的沟通达成友爱与和谐。"这就是她成功的秘诀！她对言语沟通和人际关系的重视都来源于她的工作经验。

玫琳凯女士办公室的门总是敞开的，从来不曾关闭，很多人不理解。

有一次，一位客户实在很好奇，就问她："别的公司总经理的门总是关闭的，为什么只有你的门是永远敞开的呢？"

玫琳凯女士嘴角扬起了微笑，她说："我的门是永远向我的员工和客户敞开的，我随时欢迎我的员工来给我提意见，随时和他们保持沟通，我的门不是办公室的一堵墙，它不会使我们隔开，我们是一体的。"

这就是玫琳凯公司独具特色的沟通技巧，即"开门原则"。这个原则强调的是，公司内部上级与下级之间、同事之间的沟通，大家彼此都不会设防，而是真诚地进行交流。可以想象，开着门人们会随时跑进来，打断你的工作。但是玫琳凯认为，重要的是人们知道可以来找她讨论任何重大的问题。她愿意公司的每一个员工，无论是小姑娘还是老头都可以按照自己的意愿随时来看望她，向她诉说他们的抱负和梦想，诉说对公司的抱怨，更好地促进彼此的交流和沟通。

作为管理者，要对事实或感受作正面反应，不要有抵触情绪。比如，我们在管理层的工作中说："麻烦你能否多告诉我一些关于 ××× 的事情？"或是"我了解您的难处。"总比说："喂，我正在工作，没时间"或"这不是我份内的事"要好得多。掌握好每一次的交流机会，因为很多时候你可能因为小小的心不在焉而导致你与别人距离的疏远。

比起你的想法，人们更想听到你是否赞同他们的意见。一定要记得"别人的不足才能体现出你的价值"，好多人在抱怨和部门之间的沟通无法进行，根本不听你说的话，但是你别忘了自己本身也没有听别人的话！你可以给出你的全部意见，以表示出你在倾听，并且去赞同别人的处境及想法，然后加以修饰性的改正。

管理者还应记住，别人说的和我们所听到的可能会产生理解上的偏差！我们个人的分析、假设、判断可能会歪曲我们听到的事实。为了确保你真正了解，有些时候我们可以这样去说："我理解的合适吗？"如果你对某人说的话有情绪反应："我可能没有完全理解您的意思，我是以我自己的方式来理解的，真不好意思。"有时候即使你有情绪但是你赞同别人，并且话语比较婉转，可以推延时间，能将气氛和场景转变过来，因为你也给对方一个思考的空间和时间，并且为自己争取到了主动的机会。

坦白承认你所带来的麻烦和失误也有必要。做事要承诺一个期限，如果你需要别人的协助，就用你的活力及精神去影响他们。如果我们做了一些事情影响到客户并给他们带来麻烦，就必须主动而且热情地去解决这些问题，用我们的诚恳和态度改变这个不好的事实。用你的热情影响你的下属，他们就不会改变和失控。在这个混乱的世界里，这可以使我们平庸的生活变得更温馨。所以如果您在某人的周围，或者您需要他为自己做些什么，尽可能地告诉他您在什么时候需要什么帮助。如果可能的话，也告诉他您也非常想协助他把事情做好。

边听边琢磨，好多人认为他们的听力很好，但事实是大多数的人根本就没听，他们只是说，然后想下一步该说什么。倾听意味着提出好的问题，排除杂念，比如，下一步该说什么、下一个该见谁。如果有人话里带刺，是因为他的心里隐藏着恐惧，他们想要你做的只是真实、友好的交谈。

每人每天都在反复地与人沟通，管理者更是如此。具体地说，沟通在管理中的重要作用体现在以下几个方面：

1. 良好的组织沟通

畅通无阻的上下沟通，可以起到振奋员工士气、提高工作效率的作用。随着社会的发展，人们开始了由"经济人"向"社会人""文化人"的角色转换。人们不再是一味追求高薪、高福利等物质待遇，而是要求能积极参与企业的创造性实践，满足自我实现的需求。良好的沟通，使职工能自由地和其他人，尤其是管理人员谈论自己的看法和主张，使他们的参与感得到满足，从而激发他们的工作积极性和创造性。

2. 在有效的人际沟通中，沟通者互相讨论、启发，共同思考、探索，往往能迸发出创意的火花

专家座谈法就是最明显的例子。惠普公司要求工程师们将手中的工作显示在台式机上，供别人品评，以便大家一起出谋划策，共同解决困难。员工对于本企业有着深刻的理解，他们往往能最先发现问题和症结所在。有效的沟通机制使企业各阶层都能分享他的想法，并考虑付诸实施的可能性。这是企业创新的重要来源之一。

3. 沟通的一个重要职能就是沟通信息

顾客需求信息、制造工艺信息、财务信息……都需要准确而有效地传达给相关部门和人员。各部门、人员间必须进行有效的沟通，以获得其所需要的信息。难以想象，如果制造部门不能及时获得研发部门和市场部门的信息，会造成什么样的后果。企业出台任何决策，都需要凭借书面的，或是口头的，正式的或是非正式的沟通方式和渠道传达给适宜的对象。

4. 企业领导可通过信息沟通了解一切商业行情

包括客户的需要、供应商的供应能力、股东的要求及其他外部环境信息，任何一个组织只有通过信息沟通，才能成为一个与其外部环境发生相互作用的开放系统。尤其是在环境日趋复杂、瞬息万变的情

况下，与外界保持着良好的沟通状态，及时捕捉商机，避免危机是企业管理人员的一项关键职能，也是关系到企业兴衰的重要工作。有效沟通管理离不开沟通，面对现代市场的激烈竞争，每一位管理者都希望自已能够锻造出一支上下齐心、精诚团结的企业团队；希望自己的企业能够生活在一种良好的外部环境中，能在与顾客、股东、上下游企业、社区、政府以及新闻媒体的交往中，塑造出良好的企业形象，等等。可以说，团队建设、企业发展、管理者与企业员工之间，都需要沟通。

家庭和睦离不开沟通

如果对父母无礼，必然是大不义。懂得了这些，在面对父母的过错时就不会再有任何怨言。做子女的要与父母相处，应该做到以下几点：

首先，要以不伤害父母为前提。你不妨在家人聊天时问父母，他们像你这么大的时候，他们有些什么想法和愿望？他们的父母容许他们做什么，不容许他们做什么？他们是如何争取更多的自由的……父母在回忆自己少年往事的时候，一般会很自豪，在不知不觉中放下家长的架子与你敞开心扉。这时，他们更容易理解你目前的经历和感受，认真考虑你独立的要求，甚至向你作出妥协和让步。

天下无不是之父母。其实，父母的见解和意见不一定全都是对的，他们也会犯错误。对父母的建议或意见有不同的看法时，应坐下来同父母好好商量、讨论，而不要固执己见地认为自己的观点正确，对父母的观点全盘否定。更不能与父母争执或争吵，说出不讲理的话顶撞父母。在追求自我的同时，我们不应忽视父母的意见和指导。尽管我们感到自己长大了、成熟了，已经有足够的能力自做主张。但是，事实上，还有许多事情是我们目前的年龄所无法把握的。承认这一点，并不意味着你缺乏主见。

其次，对父母的缺点要委婉地劝说。发现父母的缺点不劝说是不对的，劝说方法不当也是不对的。劝说父母时，态度应温和，语气要委婉、诚恳。但是如果遇到脾气倔强的父母，不听子女的规劝，应该怎么办？在这种情况下，子女仍要对父母表示恭敬，耐心平和地说出自己的想法。如果父母不能改正错误和缺点，也不能心生怨恨。其实，父母是很愿意子女给他们提出意见和建议的，如果子女态度真挚诚恳、想法合理，父母一般都愿意接受和改正。

再次，多给父母一些信任你的理由。你可以从日常生活中的小事做起，比如，在家里主动分担一些家务，保证做得又快又好，尽可能多地照顾好自己的饮食起居，减轻父母的负担……如果父母发现，每次你都能很好地完成他们交给你的任务，那么，他们不但愿意多给你一些自己做决定的机会，而且还会对你的能力大加赞赏。只有你用自己的行动证明你有责任心，你有独立能力，你才会赢得父母对你的信任。

另外，不要以为父母跟自己的关系最亲近就忽视了礼节和尊重。对父母无礼是对父母最大的伤害。

父母对于我们生命的每一天都十分重要。有时候儿女们无论嘴上说如何不在乎，表现得多冷淡，其实都是很在意父母的，在意他们有什么想法和感受。

你要永远记住，父母永远是同你在一起的，无论是在记忆中还是在感情上。

在你开始独立生活之前，你和父母生活在一起。那就在你们的用心交谈之中，父母讲话时用心倾听，脑中回想你认为自己听到的话。然后站在他们的角度想想，也把自己的事告诉父母，让他们也能站在你的立场为你想一想。如果他们没有听清楚，或者没有弄明白你所说的可以问："你认为我说了些什么？这样我就知道你听懂了没有。"你可能想给自己的讲话来个开场白："我在这几年有了一些新的经历，我现在想同你们谈一谈我的想法和感受，这样你们就能更好地了解我了。"

　　父母都很爱自己的孩子，他们把子女放在很重要的位置上。你的父母肯定会有兴趣了解你的生活，也会因为你给予他们了解你真实的自我的机会而感动。一旦你同父母之间的关系变得真实，你就会轻轻松松走出那个我们习惯于倒退进的永远是孩子的角色。相反，你的父母会看到你的另一面，一个已经长大的你，这对你们双方都有好处。通过父母与子女之间的倾心交谈，虽然，双方并不能完全了解对方的一切思想和行为，但亲情的纽带会更牢固、更紧密。家是讲爱的地方，夫妻之间、父母与孩子之间要讲理解、讲谅解、讲关爱。注重思想和情感的家庭，一定是温馨和睦的。

巧妙沟通一：
张口赢得第一印象

　　人们总是在最初接触的一刹那就会对对方产生大概的印象，而这个印象直接决定了其好感程度。所以，在最初接触的一刹那你所说的每一句话都是至关重要的。

以礼相待，做自我介绍

自我介绍，在一般情况下就是把自己的情况介绍给交际对象。如姓名、身份、职业、特长等，意在使对方了解自己，尽可能为自己提供方便，并与对方建立联系。人们初次见面，都会产生一种了解对方并渴望得到对方尊重的心理，及时简明的自我介绍，可以满足对方的这种渴望，对方也会以礼相待，作自我介绍。

在日常生活和工作中，人与人之间需要进行必要的沟通，以寻求理解、帮助和支持。自我介绍是最常见的与他人认识沟通、增进了解、建立联系的方式。

在社交活动中，想要结识某人，而又无人引见，可以向对方作自我介绍。自我介绍的内容，可根据实际的需要、所处的场合而定，要有鲜明的针对性。在某些公共场所和一般性社交场合，自己并无与对方深入交往的愿望，作自我介绍只是向对方表明自己身份。这样的情况只需介绍自己的姓名，如"您好，我叫王海"或"我是王海"。有时，也可对自己姓名的写法作些解释，如"我叫陈华，耳东陈，中华的华"。如果因公务、工作需要与人交往，自我介绍应包括姓名、单位和职务，无职务可介绍从事的具体工作，如"我叫王海，是荣发公司的销售经理"。

在社交活动中，如果希望新结识的对象记住自己，作进一步沟通与交往，自我介绍时除姓名、单位、职务外，还可提及与对方某些熟人的关系或与对方相同的兴趣爱好。

进行自我介绍，要简洁清晰，充满自信，态度要自然、亲切、随和，语速要不快不慢，目光正视对方。在社交场合或工作联系时，自我介绍应选择适当的时间，当对方无兴趣、无要求、心情不好，或正在休息、用餐、忙于处理事务时，切忌去打扰，以免尴尬。若在讲座、报告、庆典、仪式等正规隆重的场合向出席人员介绍自己时，则应简短又细致地介绍自己。

"我叫柴××，是哈尔滨工业大学机械专业 1968 年的毕业生，1981 年又在省电大学习工业管理，获本科文凭。

"从 1970 年起我就在 ×× 汽车制造厂油泵车间当技术员，1980 年晋升为工程师。从 1983 年起直到现在，承包厂服务公司的汽车修理厂。这些年来，我一直研究国内外关于机械加工方面的先进技术，对汽车油泵的品种、规格、型号、质量、工艺流程、销售情况也比较熟悉，有一定的管理经验。我今年 45 岁，正是年富力强的时期，很想干一番事业。我个人做事果断，敢于拍板，敢于负责。只要给我一定的时间，比如说 10 天吧，就能把全部情况弄清楚，拿出办厂的具体方案，提出上缴利润的指标。"

这是某汽车油泵厂的柴 ×× 同志在投标时所作的自我介绍，较为具体详尽，既全面介绍了自己的学历、经历、兴趣、专长、能力和性格，又表示了自己的愿望和信心，因而赢得了招标单位的初步信任，为后来的中标打响了第一炮。

第一次见面的称呼要得体

称呼是指人们在正常交往应酬中，彼此所采用的称谓语。它是言语交际的"先锋官"，在日常生活中，称呼应当亲切、准确、合乎常规。正确恰当的称呼，不仅能体现对对方的尊敬和自身的文化素质，更能促使交际的成功。

俗话说，"良言一句三春暖"，称呼得体就像行个见面礼，使对方获得心理上的满足，使沟通顺畅，交往成功。反之，称呼不得体往往会引起对方的不快甚至愠怒，使双方陷入尴尬境地，造成交往梗阻乃至中断。由此可见，称呼得体与否在很大程度上决定着人们交往活动的成败和管理效果的优劣。因此，不论是从事任何职业的一般人，还是身负一定职务的领导人或管理者，要想生活愉快、事业发展，都需要注意研究人际称呼的技巧，努力提高自己的称呼艺术。

称呼在人际交往和管理活动中的重要作用早为人们所注意。社会心理学家们认为得体的称呼能使人心情愉快，增强自信，有助于形成亲密和谐的人际关系。而良好的人际关系又是使人精神振奋、心理健康和提高工作效率的重要条件。得体的称呼能缩短人和人之间的心理距离，使人心情舒畅。

那么，怎样称呼才算得体呢？其实称呼并没有什么统一的模式。不同的地区、不同的民族和不同的语言传统，称呼的习惯可能差异很大；不同的职业、职务、性别、年龄的人，对称呼的需要和期望也不尽一样。这就造成了人际称呼的复杂性和多元化，增加了称呼得体的难处。但有一条是共同的，那就是要尊重他人和礼貌待人，这样，对方心里就会产生一种自豪感和满足感，反过来对方也会乐于与你接触，主动和你沟通，这就使交往有了良好的开端。但仅有此还不够，在具体称呼时还要注意做好以下几点。

1. 记住对方姓名

姓名不仅是将自己与他人的存在予以区别的标志，而且不少人的名字还凝聚着父母对子女的期望。由于自尊的需要，每个人都会重视和珍爱自己的名字，同时，也希望别人能记住和尊重它。因此，当自己的名字被别人叫到时，就认为自己受到尊重，心理感到愉悦，对称呼自己的人怀有亲切感。古今中外，一些领导人、政治家和企业家对人的这种心情很了解，与人寒暄时不只说句"您好"，而是在"您好"前面或后面冠以对方名字，这样做起到了很好的心理效应。我们对久别之后仍能一下子叫出自己的名字的人，总是感动万分、钦佩不已的原因，就是因为这个缘故。

2. 符合年龄身份

称呼必须符合对方的年龄、性别、身份和职业等具体情况。对年长者称呼要热情、谦恭、尊重；对同辈则要态度诚恳，表情自然，亲切友好，体现出你的坦诚；对年轻人要注意慈爱谦和，表达出你的喜爱和关心；对有较高职务或职称者，要称呼其职务或职称。总之，要讲究礼貌，既表达出你对对方的真诚和尊重，又不卑不亢。切勿使用"喂""哎"等来称呼人，同时，也应力戒点头哈腰，满嘴恭维话。

3. 有礼有节有序

在与多人打招呼时，如果群体中有年长者，也有年轻人或异性在场，就要注意称呼的顺序。一般来讲，应先长后幼，先上后下，先女后男，先生疏后熟识为宜。称呼最能表达说话人的道德修养、知识水平和文明程度，也体现着他的交往技巧。称呼兼顾长幼的差异，会使年长者觉得受了尊重，年轻人也心中坦然；如顺序颠倒，不但会使年长者不满，而且被称呼到的人也会感到窘迫。再者应注意尊重女性，在与一个同样年龄、身份的群体打招呼时，先称呼女性，会使对方感到你有较高的素养，从而乐于与你交往。

需要强调的是，以上各点并不是孤立的，而是彼此制约、密切相关的，它们从不同侧面共同决定着称呼的得体与否以及称呼得体的程度。在日常生活中我们只有依据称呼对象和交往场合等的具体情况，从多方面分析称呼对象的称呼需要，选择得体的称呼语，才能收到最理想的称呼效果。

介绍他人注意准确

介绍他人，即第三者为彼此不相识的双方引见的介绍方式。在人际交往中，我们总能碰到为他人介绍的机会，那么如何能使双方满意，达到预期的效果呢？这是一个看似简单的问题，其实却很难做到位。

介绍他人应注意以下几个问题。

1. 介绍时要注意介绍的顺序和礼节。

一般情况下，是将年纪轻、身份低的介绍给年纪大、身份高的，以示对后者的尊重。介绍多人的一般顺序是：

①不同性别的两个人，在一般情况下应将男士介绍给女士，如："李小姐，这是赵先生，刚从河北来。"如果男士尊于女士，则应把女士介绍给男士："赵老师，这位是从哈尔滨来的李小姐……"

②不同辈分、职务的两个人，应将年轻、职务低、知名度低的介绍给年长、职务高、知名度高的。如"汪老，这是×××报社的小陈，陈××先生。"

③把一对夫妇介绍给他人，在一般情况下应先说丈夫，后说妻子。

④同龄人聚会应将未婚的介绍给已婚的，将自己熟悉的介绍给不太熟悉的。

⑤客人到家中拜访，应先把客人向家庭成员介绍，然后把家庭成员向客人作简单逐一的介绍。介绍时，应把被介绍人的关系、姓名讲清楚，同时要能简明地点出他们的爱好和特点更好，这样会给客人以愉快亲切的感觉，也显示出家庭的和睦与乐趣。

2. 介绍时体态语要自然、协调。

介绍时一般应起立，面带微笑，注意礼节，手掌朝上示意，切不可用食指指指点点。

3. 介绍语信息量要适中，不要过于冗长，能为双方攀谈引出话题即可。

4. 介绍语要热情、文雅，切不可伤害被介绍者的自尊心。

介绍是为了联络感情，融洽气氛，建立交流关系，因此，介绍的话语应热情洋溢，切忌冷冰冰的，更不可有损被介绍人的尊严。

约翰·梅森·布朗是一位作家兼演讲家，一次他应邀在某地演讲，被会议主持人作了这样的介绍：

"先生们，请注意了。今天晚上我给你们带来了不好的消息。我们本想邀请伊塞卡·F·马科森来给我们讲话，但他来不了，病了。"

下面听众发生嘘声。"后来我们要求参议员布莱德里奇前来，可他太忙了。"嘘声。"最后，我们试图请堪萨斯城的罗伊·格里根博士来，也没有成功。"嘘声。"所以，结果我们请到了——约翰·梅森·布朗。肃静。"

这段介绍语的本意并不想贬低布朗先生，却一次又一次地刺伤了其自尊心。之所以出现这样的失误和恶果，原因有二：一是介绍者将组织这次活动的过程报了一遍完全没有这个必要的流水账，客观上产生了这样的效应；二是主观上考虑不周，或者根本没有考虑这样一些问题：如何尊重演讲者？如何促使来之不易的演讲活动取得成功？因此，从某种意义上讲，介绍语是介绍者认识水平、组织才能和表达才能的外现。

一次，某高校邀请话剧《光绪政变记》中慈禧太后的扮演者郑毓芝来演讲。主持人是这样介绍她的："同学们，今天，我们好不容易把'老佛爷慈禧太后'请来了。"掌声，笑声，听众的情绪热烈起来。"'老佛爷'郑毓芝同志在戏台上盛气凌人，皇帝、太监、大臣见了都诺诺连声，磕头下跪，在台下却和蔼可亲，热情诚恳。她方才和我谈起，还曾扮演过《秦王李世民》中的贵妃娘娘，话剧《孙中山》中的宋庆龄。她是怎样把这些截然不同的人物演得栩栩如生的呢？下面就请听她的演讲。"听众凝视主席台，热烈鼓掌。

这番介绍语既幽默风趣，突出特点，又条理清楚，主旨鲜明，热情洋溢地把郑毓芝本人和她演的角色作对比介绍，并水到渠成地点明其演讲的主题，可谓十分得体，收放自如。

几句寒暄会让人感到温暖

寒暄又叫打招呼，是人与人建立语言交流的方法之一，是交谈的润滑剂，它能使朋友在某种场合心领意会，让不相识的人相互认识，使不熟悉的人相互熟悉，把单调的气氛活跃起来，为双方进一步攀谈架设友谊的桥梁。

1984 年 9 月，中国与英国关于香港问题的第 22 轮会谈在钓鱼台国宾馆开始了。

中方代表周南和英方代表伊文思相遇并寒暄起来。

周南说："现在已经是秋天了，我记得大使先生是春天前来的，那么就经历了三个季节了：春天、夏天、秋天——秋天是收获的季节啊！"

这是发生在中英关系史上的一次重要谈判，时间是 1984 年秋季——达成协议的关键时刻。内容是我国对香港主权的收复问题。

周南在这次轻松的寒暄中，运用暗示、双关的手法，巧妙利用交际的时令特征，即秋天的特点及其象征意义——成熟与收获，将我方诚恳的态度和希望以及坚定的决心，含蓄委婉地表达了出来。

这种寒暄意味深长，具有强烈的针对性和灵活的策略性，无穷之意尽在言外。

在我们日常生活中，寒暄的主要形式有以下几种：

路遇式寒暄。就是在路途上或一些公共场所里遇到熟人，顺便打个招呼。一种是对经常见面的熟人，握握手，说上句"你好""上班去呀"，在路上骑车相遇，相互点点头，微笑一下，摆摆手，不用下车，擦肩而过。另一种是在路上遇到较长时间没有见面的熟人，这时不可以点头就过，要停下来，多说几句。如有急事要办，则要与对方说清楚再离开，这是人际交往的基本常识。

会晤前的寒暄。如约见了面，或客人来了后，在交谈正题之前的问候。一种是常见的也是最起码的问候方式，如"您好""请进""请坐"等。另一种是特殊情况的问候方式，如对病人、老人、师长、好友，或是遇到大病初愈、长途旅行、身遭不幸等情况，寒暄问候则要格外体贴入微，暖人心扉。

寒暄的内容主要有以下几类：

关怀式寒暄。这是常见的寒暄方式，真挚深切的问候，对于加深人际间的感情，有着重要的作用。

激励式寒暄。就是在寒暄的几句话中，给人以鼓舞和力量。几句寒暄，就能给人以很大的激励。

幽默式寒暄。寒暄中加点幽默诙谐的成分，对协调交际气氛是很有效果的，人际间良好的沟通与深切的友谊就是在这幽默的寒暄中间建立起来的。

夸赞式寒暄。无论谁清早起来，接连听到几个诸如"您起得好早啊""您身体越来越好啦"的赞美式寒暄，一定会感到这一天心情格外舒坦愉快。夸赞式寒暄也要讲点技巧，其中之一就是夸赞的内容最好要具体一些，这样才能产生较大的作用。

在寒暄中，应注意以下几点：

1. 要注意对象。寒暄要因人而异，不要对谁都是一个调。

2. 要注意环境。在不同的环境，要进行不同的寒暄。

3. 要注意适度。寒暄要适可而止，过多的溢美之词则会给人以虚伪客套之感。

总之，恰当的寒暄，能给不快的人以安慰，给久别重逢的人以关怀，给邻里亲友以欢乐，并由此沟通感情，联络友谊，促使人际交往达到水乳交融的佳境。

让对方愿意听你说话

有些人说话虽然在内容上不占优势，但他的说话方式却会给人一种非常迷人、令人舒服的感觉。毕竟说话者有其本性，每一次对话会因为说话技巧的不同而有各种不同的回响、反应。那么，使对方愿意听我们说话并把他步步引入对话的绝佳境地有什么技巧呢？

1. 风格明快

生活中大多数人不喜欢晦暗的事物，即使草木也需要阳光才能生长。同样，给人阴沉感的谈话，会让人有疑虑感、厌恶感及压迫感。反之，说话简洁明快，则容易让人接受。

2. 声音独特

有的人说话的声音给人一种享受，因为他（她）的嗓音实在是很动人。他们（她们）谈话时，非常注意说话的声音，而选择说话的声音，完全依靠他们（她们）的天赋、个性及所要表达的情感而变化。有条件的话，你可自我充当对象，把自己的话录下来再仔细地听，你可能会吃惊地发现，自己说话竟有那么多毛病。这样经常检查，发音的技巧就会不断提高。

3. 语气肯定

每个人都有自尊心，很容易因为某些微不足道的事就感到自尊心受损。如此一来，你要在谈话中稍不注意说话的方式方法，他（她）会立即反射性地表现出拒绝的态度。所以要对方听你说话，首先得先倾听对方要表达些什么。所谓"说话语气肯定"并不是指肯定对方说话的内容，而是指留心对方容易受伤害的感受。

4. 语调自然

自然的声音总是悦耳的，在交谈中我们应该注意，交谈不是演话剧，无论你是什么样的语调，都应自然流畅，故意做作的声音只能事与愿违。当你交谈的对象不是一个人，而是许多人时，应采用以下的技巧：当前一个人声音很大时，你开始说话时就可以压低声音，做到低、小、稳；当前一个人音量较小时，你的开始句就要略提高嗓门，清脆响亮，以引起大家的注意。

5. 习惯用法

人类生存在当今的语言环境中，对于语言拥有自己的运用标准，一旦不符合标准，就会产生不协调的感觉，其中包括语气与措辞。在人际关系中，确实有必要根据实际情况或对方是谁而分别使用适当的语言。如果不分亲疏远近，一律以和同事谈话时的措辞来谈，那么对方将不会老老实实地听我们说话。

"太好了""好棒哟""真可怕"这些都是一般女孩子说话时常会冒出来的感叹词。当然，这也是一种感情洋溢的表现。一句话若没有抑扬顿挫，则流于平淡，引不起对方的兴趣，若能添一些感叹词，则能增加彼此之间的谈话的气氛，但要适可而止，过多的感叹词，亦会抹杀言词的重要性，使对方不能分辨你的意思。

6. 思路清晰

当之前的谈话争论不休，而且没有头绪时，你站出来讲话，就要力求语句简短，声音果断，有条理。

在大众场合发言时，你要想清楚自己讲什么，怎么讲，讲到什么程度。再者最好不要夹在中间，要么赶在前面，要么最后再讲，这样才能使人印象深刻。

获得对方好感的八种方法

说话要想获得别人的好感，我们建议可以从下面八个方面入手：

1. 多提善意的建议

当一个人关心你时，只要这份关心不会伤害到自己，并且对方还提了一些善意的建议，你当然会欣然接受，对这个人产生好感。那么，反过来你对别人若也如此，别人也会同样对你产生好感。

满足他人自尊心最佳的方法就是善意的建议。对方是女性时，仅说"你的发型很美"，只不过是句单纯的赞美词；若是说"稍微剪短，看起来会更可爱"，对方定能感受到你对她的关心。若是能不断地表示出此种关心，对方对你必然更加亲切信任。

2. 偶尔暴露自己一两个小缺点

有时坦率地暴露缺点，反而会迅速获得对方的信任，给对方留下一个正直、诚实、深刻的印象。

只是暴露自己的缺点并不是毫不保留地将所有的缺点都暴露出来，如此做，反而使人认为你是个毫无可取之人，因而丧失了对你的信任。

暴露的点只要一两个就可以了，可使他人把这一两个缺点和其他部分联想在一起，因而产生其他部分毫无缺点的感觉。但这绝不是狡诈，只是交际的策略和需要。因为也没有人会拿自己的缺点和别人交往。"这个人有点小缺点，但是其他方面挑不出毛病来，是个相当不错的人"，类似上述的想法就能深深植入他人的心中。

3. 记住对方所说的话

一位心理学家应邀去演讲，不料主办方却问他："请问先生的专长是什么？"他颇为不高兴地回答："你请我来演讲，还问我的专长是什么？"

招待他人或是主动邀约他人见面，事先多少都应该先收集对方的资料，这是一种礼貌。换句话说，表现自己相当关心对方，必然能赢得对方的好感。

记住对方说过的话，事后再提出来做话题，是表示关心的做法之一，也是说话的策略之一。尤其是兴趣、嗜好、梦想等事，对对方来说，是最重要、最有趣的事情，一旦提出来作为话题，对方一定会觉得很愉快。在面试时，不妨引用主考官说过的话，定能使主考官对你另眼相看留下深刻的印象。

4. 注意对方微小的变化

生活中，一般做丈夫的都不擅长对妻子表现自己的关心。比方说，妻子上美容院改变发型时，明明觉得她"看起来年轻多了"，却不作任何表示，因而使妻子心里不满，觉得丈夫不关心自己。

不论是谁，都渴求拥有他人的关心。而对于关心自己的人，一般都具有好感。因而，若想获得对方的好感，首先必须积极地表示出自己的关心。只要一发现对方的服装或使用的物品有些微小的改变，不要吝惜你的言词，立即告诉对方。例如：同事打了条新领带时，"新领带吧，在哪儿买的？"像这样表示自己的关心，绝没有人会因此觉得不高兴。

另外，指出对方与往日的变化时，愈是细微和不轻易发现的变化，愈使对方高兴。不仅使对方感受到你的细心，也感受到你的关怀，转瞬间，你们之间的关系就会远比以前更亲密可信。

5. 呼叫对方的名字

欧美人在说话时，常说："来杯咖啡好吗？莱克先生。""关于这一点，你的想法如何？莱克先生。"频频将对方的名字挂在嘴边。这种作风往往使对方涌起股亲密感，宛如彼此早已相交多年。其中一个原因是他感受到对方已经认可自己了。

在我们的社会里，晚辈直接呼叫长辈的名字，是种不礼貌的行为。但是，平辈之间借着频频呼叫对方的名字，来增进彼此的亲密感，应是个非常有益于彼此交往的方法。

6. 注意细节投其所好

有位朋友有个奇怪的习惯，总是把他人名片的背面写得密密麻麻。与其说他是为了整理人际资料或是不忘记对方，倒不如说是为了下一次见面做好准备。也就是说，将对方感兴趣的事物记录下来，再度见面时，自己就可提供对方关心的情报作为礼物。即使只是见过一次面的人，若能记住对方的兴趣，比方说是钓鱼吧，在第二次、第三次见面时，不断地提供这方面的知识或是趣事，借此显示自己对于对方的兴趣很关心，结果，必然使对方产生很大的好感。

或许有些人会认为此种做法太过于功利主义。事实绝非如此，这种做法的确出于对对方的关心，更何况对对方也是真正有益的。借着经常保持此种姿态，结果必然能将一般通用的话题化为己身之物。换句话说，以长远的目标来衡量，此种做法能成为表现自我的有力武器，以此迅速获得对方对自己的好感和信任。

7. 温暖的微笑

我们在与人交往中，不管是同意人家的意见还是不同意，都不要摆出一幅冷冰冰的面孔，谁也不愿意和冰冷态度的人谈话。即使是出于某种无奈而非谈不可，在心底也已经产生了反感。试想，这样的谈话能有好结果吗？因此，我们在交往中要学会笑，学会用笑给人以温暖。不论对方是谁，有怎样的见解，如何让人讨厌，那你可以不和他交谈或躲开，但是摆一幅冷面孔总是无益的。有这样一个故事：

飞机起飞前，一位乘客请求空姐给他倒一杯水吃药。空姐很有礼貌地说："先生，为了您的安全，请稍等片刻，等飞机进入平稳飞行状态后，我会立刻把水给您送过来，好吗？"15分钟后，飞机早已进入了平稳飞行状态。突然，乘客服务铃急促地响了起来，空姐猛然意识到：糟了，由于太忙，忘记给那位乘客倒水了，空姐来到客舱，看见按响服务铃的果然是刚才那位乘客。她小心翼翼地把水送到那位乘客跟前，面带微笑地说："先生，实在对不起，由于我的疏忽，延误了您吃药的时间，我感到非常抱歉。"这位乘客抬起左手，指着手表说道："怎么回事，有你这样服务的吗？"无论她怎么解释，这位挑剔的乘客都不肯原谅她的疏忽。

接下来的飞行途中，为了补偿自己的过失，每次去客舱给乘客服务时，空姐都会特意走到那位乘客面前，面带微笑地询问他是否需要水，或者别的什么帮助。然而，那位乘客余怒未消，摆出一副不合作的样子。

临到目的地前，那位乘客要求空姐把留言本给他送过去。很显然，他要投诉这名空姐。等到飞机安全降落，所有的乘客陆续离开后，空姐紧张极了，本以为这下完了，没想到，等她打开留言本，却惊奇地发现，那位乘客在本子上写下的并不是投诉，相反却是一封热情洋溢的表扬信："在整个过程中，您表现出的真诚的歉意，特别是你的十二次微笑，深深打动了我，使我最终决定将投诉信写成表扬信。你的服务质量很高，下次如果有机会，我还将乘坐你们的这趟航班。"

空姐看完信，激动得热泪盈满了眼眶。

8.谦虚是一种美德

谦虚之所以受到尊崇，就因为它是做人的美德及事业成功的法宝，但是，在现实生活中，谦虚也并非想做就能做到，有的人得到领导的表扬、同事的夸奖，内心里着实想谦虚一番，却寻找不到适当的表达方法。要么手足无措，面红耳赤，支支吾吾，要么说一些"归功于集体、归功于人民"的套话，听起来让人觉得虚假。

那么，在社交场合，不同的时间，不同的环境，不同的氛围，如何用不同的方式表达自己的谦虚，才能给人留下一个良好的印象呢？

转移对象。如果表扬或赞美使你感到在众人面前窘迫的话，你不妨想办法转移人们的注意力，使自己巧妙地"脱身"，把表扬或赞美的对象"嫁接"到别人的身上，但要有所依据，不然也会显得空和假。

妙设喻体。直言谦虚，固然可取，但弄不好会给人一种虚假的感觉。特别是两个人之间，如果仅仅说"你比我强多了"这类话，容易有嘲讽之嫌。遇到这种情形，你不妨用一个比喻的方式，巧妙地表达自己的谦虚。

自轻成绩。任何称赞和夸奖，都不可能毫无缘由，或者因为某件事，或者因为某方面的成绩。这时你不妨像绘画一样，轻描淡写地勾勒一笔，却可以在淡泊之中见神奇。

相对肯定。面对别人的称赞，如果把自己说得一无是处，不但起不到谦虚的作用，反倒给人一种傲慢的感觉。正如俗话所说："过分的谦虚等于骄傲。"现实生活中，类似这样的情况屡见不鲜。所以，谦虚要掌握一定的分寸。

征求批评。面对人们的赞美，诚恳地征求大家的批评，这是表现你谦虚精神的一种最有效的方法。但要注意适当适度，不然虚心也就变成了虚假。

我们在社交生活中，可以根据不同的场合、不同的环境、不同的交际对象，去不断创造自我，虚心学习。

只要虚心而诚挚，努力追求谦虚的品格，在谈话时保持平和坦诚的态度，尊重对方，就一定会成为一个受人敬重的人，说话的分量也会相应增大。

时刻别忘了说一声谢谢

在任何一部汉语词典里，很少有词语一讲出就能立刻赢得一个人的好感，起到化敌为友、抚平自私心理、提高自尊心的作用。然而，"谢谢"这个词却有这个魔力。但"谢谢"却常常被人轻视，或因太简单而忽略，以致我们中的许多人因此而与好人缘失之交臂。我们常常听到这种抱怨，"我并不介意做所有这些事，只要他每次能说声'谢谢'"，甚至说，"我为她做了那么多，她连声'谢谢'都不会说"。

说声"谢谢"本是世界上最容易、也是最为可靠的办法，如果你想成功地开展工作和与别人愉快合作的话，更不用说赢得友谊和影响人们了。

那么，在交际中，怎样说谢谢呢？表达谢意可以用很多方式说出来。然而，无论被怎样打扮，譬如用鲜花、午餐回报，或者其他方式，这个词，或它的一种变化，一定要说出来或写下来。以下是一些传播这个不起眼但绝对重要的信息的方法。

1. 说出谢谢。告诉他（她），他（她）为你做的对你来说是很重要的，和在哪一方面帮助了你："我真的非常感谢你对我在学习上的帮助。"

2. 给予赞扬。让他（她）知道你认为他（她）为你做的事是很特别并值得珍藏的："谢谢你的咖啡，我想我会记你一辈子。"

3. 予以回报。告诉他（她）你感谢他（她）为你做的，并准备回报这个好心人："我很感激你能在开顾问会议时回我的电话，以后只要有用得上我的地方，请随时找我。"

4. 写个条子表示谢意。说声谢谢是很有作用的，但写下来会更胜一筹。不妨亲笔写一个条子表达你的谢意。

5. 电话致谢。"我打这个电话只是为了感谢你……"

6. 送份礼物。送份礼物并附上一张便条。只要你送的礼物能够非常适当地表达出你的感谢，送什么并不重要。一个老板请他的秘书去看了场一流水准的高尔夫球赛。为了投桃报李，她买了一个独特的礼物——一个高尔夫球棒的缩微模型，然后写了个感谢的便条放在礼品盒里一并送给了他，老板收到后深感欣慰。

7. 传达谢意。告诉别人你有多感谢他为你所做的一切，最后这话一定会传到给予你帮助者的耳朵里去："王敏这人真好，她帮我安排了那次会议。要是没有她的帮忙，我真不知该怎么办好。"当你的谢意通过别人的嘴传到她的耳朵里时，定会增色不少。

8. 提供帮助。与他们在一起，主动提出为他们的工作助一臂之力。比如帮助校对个长篇报道："我来帮你干这事儿。甭客气，你帮我的次数可太多了。"

9. 请客吃饭。邀请你要感谢的人去吃午餐或晚餐，一定要表明你这是为了感谢她的帮忙。如果你邀请的是已婚者，应当把她（他）的配偶一并邀请去。

10. 报答捐款。如果一个环境学家曾用心地报道过你的一篇论文，不妨为他心爱的环保事业捐一笔款，这也许是对他最好的感谢。但也别忘了说"谢谢"。你可以打个电话或写个便条去感谢他，并告诉他你所做的。他一定会为你所做和自己曾经所做的事感到高兴。

巧妙沟通二：
妙语让别人接受你

有效的语言，能为他人解开心结、赶走愁云、减轻压力、排除烦恼、重获信心……有效的说服能使迷蒙者幡然醒悟，改弦更张；能让宿敌消除怨恨，握手言和；能叫浪子迷途知返，改邪归正；能让固执者心中开窍，顺其自然……

如何给别人提忠告和劝诫

生活中常见到这样的情景，本来你是一番好意给对方提出忠告和劝诫，可是对方却不领你的情，甚至还会对你产生反感和怨恨。这正是"忠言逆耳""良药苦口"。看来，提出忠告也需要技巧。怎样提忠告别人才乐意接受呢？下面的几点建议可供大家借鉴。

1. 语气缓和，态度和善

别人提出忠告，说到底，忠告是为了对方，根本的出发点就是为对方好。因此，提忠告时，要让对方明白你的一番好意，就必须注意自己的语气和态度，讲话时，态度一定要谦和诚恳，用语不能激烈，也不必过于委婉，否则对方就会觉得你在教训他或者你假惺惺，从而产生反感情绪。

2. 不要贬低对方，抬高别人

很多人在提出忠告时往往进行事与事、人与人之间的比较，这是不可取的。因为此时的比较，往往是拿别人的长比对方的短，这样很容易伤害对方的自尊心。

一位母亲这么忠告自己的儿子："小勇呀，人家隔壁家的强强比你棒多了，又懂礼貌，又爱学习啊。你比他还大呢，你要好好向他学习哟！"

听到这样的话，儿子会感到很不服气："哼，嘴里整天是强强，他这也好那也好，干脆让他做你的亲生儿子算了！"儿子的自尊心受到了伤害，对母亲的忠告会产生逆反心理。

3. 选择适当的时机和场合

俗话说"好雨知时节"，只有选择恰当的时机才能发挥忠告的最大作用。例如，当别人尽了最大努力而最终没有成功时，如果这时你说："如果当初不那样就不至这么糟了，当初应该……"之类的话，即使你指出了问题的要害且很在理，对方此时也并不领情，会感到你站着说话不腰疼""事后诸葛亮"，效果当然就不会好了。相反，如果此时你能说几句"辛苦你了""你已做了最大的努力""这事的确比较难办"之类的安慰话，能够抚平对方的创伤。然后再与他一起分析失败的原因，对方会欣然接受你的忠告。

此外，提忠告要注意场合。不要在公众场合向对方提出忠告，这样对方就会受自尊心驱使而产生抵触情绪。最好以一对一的方式，避开他人耳目，这样的话效果比较好。

4. 换位思考，替他人着想

美国汽车大王福特说过一句话说："假如有什么成功秘诀的话，就是设身处地地替别人着想，了解别人的态度和观点。"换位思考有利于你与对方更加顺畅地沟通，而且能更清楚地了解对方的想法，从而可以瞄准目标，击中"要害"，使你的说服力大大提高。

卡耐基有一次租用某家饭店的大礼堂来讲课。有一天，饭店通知他，租金要增加三倍。

卡耐基与饭店经理交涉时说："我接到通知，有点儿震惊。不过这不怪你，如果我是你，我也会那样做。因为你是饭店的经理，你的职责是尽可能使饭店获利。"

谈话一开始，卡耐基就站在了对方的角度去分析问题，从而让对方更乐意和他交谈。

紧接着，卡耐基站在经理的角度上算了一笔账："将礼堂用于办舞会、晚会，当然会获大利。但你撵走了我，也等于撵走了成千上万有文化的中层管理人员，而他们光顾贵饭店，是你花 5000 元也买不到的活广告。那么，哪样更有利呢？"这番话合情合理，经理没有理由拒绝。

卡耐基之所以成功，正是因为他抓住了经理的诉求：赢利。并且以此为出发点去为饭店考虑问题，最终使经理心甘情愿地把天平上的砝码加到卡耐基这边。对于不易说服的人，最好的办法就是使对方认为你与他是站在同一立场的。这不仅会让对方感到亲切，受尊重，还能促使对方做自我反省，并最终感觉到唯有你的忠言，才是对自己最有利的。

提出忠言和劝告的时候，不是只有一番好心就可以解决所有问题，如果方式不恰当，不仅达不到目的，可能还会有反作用。只有掌握一定的技巧和原则，别人才会乐意接受你的忠告。

"人非草木，孰能无情"

"人非草木，孰能无情"。人与人之间的语言交流，其实就是感情的交流、心灵的碰撞。如果你能用语言触碰到对方心中最敏感、最脆弱的情感之弦，冲破对方的感情闸门的时候，还有什么事情办不到呢？即使是再固执的人，也会被情所感染。亲情、友情、爱情，无不触及人们的心灵。在说服他人的时候，恰当地打好"感情牌"，可以巧妙取胜。

1941 年圣诞节前夕，丘吉尔去了美国，希望说服美国人和英国人一起联合起来，立即参加对德作战，以扭转英国所面临的危险局面。可是，当时很多美国人对英国人不抱好感，反对介入对德战争，这给丘吉尔的说服工作增加了不少的难度。

但是，丘吉尔不愧为著名的演说家，他在做说服工作时十分注意真情实感的运用，他用情感来打动美国人的心，使他们消除了对立的情绪，把英国人当作自己人，从而转变了态度，支持政府援助英国，参加对德作战。丘吉尔是如何在讲话时运用感情技巧的呢？

丘吉尔在讲话时说道："我远离祖国，远离我的家，在这里欢度这一年一度的佳节。但是，确切地说，我并不感到寂寞和孤独。或许是因为我母亲的血缘关系，或许是因为在过去许多年的充满活力的生活中，我在这里得到的友谊，或许是因为我们伟大的人民在事业中所表现出来的那种压倒一切其他友谊的情感，在美国的中心和最高权力所在地，我根本不觉得自己是个外来者。我们的人民和你们讲着同样的语言，有着同样的宗教信仰，还在很大程度上追求着同样的理想，我所能感到的是一种和谐的和兄弟间的亲密无间的气氛……今晚，在郊外的别墅里，在每一颗宽容无私的心灵中，我们得到了灵魂的平安……此时此刻，在今天这个夜晚，讲英语的世界中的每个家庭都应该是一个亮光普照的幸福与和平的小岛……"

丘吉尔从英美两国的共同语言、共同宗教、共同理想以及长期的友谊入手，用温暖感人的话语打动了美国人的心，激起了他们的情感共鸣，从而赢得了他们的支持，使他们由反战转入参加战争。

在说服他人时，多从情感上下工夫，一定能取得胜利。无论多么顽强的人，他的情感都有脆弱的一面，堡垒最容易从内部攻破。

美国曾有一位老妇人，一天，她走进一家律师事务所，向正在律师事务所办公的一位律师哭诉她的不幸遭遇，寻求他的帮助。原来这位妇人是一位孤寡老人，丈夫在独立战争中为国捐躯，她靠抚恤金生活。但是，前不久，抚恤金出纳员勒索她，要她交一笔巨额的手续费才能领取抚恤金。听到这样的事情，这位律师十分气愤，决定找这位出纳员理论。他找到这位出纳员说："1776 年的英雄已经长眠于地下，他那衰老而又可怜的夫人，就在我们的面前。这位夫人从前也是一位美丽的少女，曾与丈夫幸福地生活。不过，现在她已经失去了一切，变得贫困无靠。然而，享受烈士争取来的自由幸福的某些人，还要勒索她那一点点微不足道的抚恤金。试问，怎么忍心对一个无依无靠的老人如此残忍呢？"

此时，这位律师的眼圈已经红了，而那位出纳员也被唤醒了良知，承认了自己的过失。

富有感情的语言就如同一篇精彩绝伦的文章，声情并茂，寓情于理，让对方不得不为此动容。

晓之以利，示之以害

生活在一个非常现实的社会里，每个人最关心的往往是与自己有关的一些利益，这包括健康、幸福、成功、财富、职位……正所谓"无利不起早"，每个人都在为自己的利益奔波、奋斗。

虽不能说"人为财死，鸟为食亡"，但人要生存，就离不开各种与己有关的利益。所以，当你想要劝说某人时，应当告诉他这样做对他有什么好处，不这样做则会带来什么样的不利后果，相信他不会不为所动。趋利避害是每个人的天性，在认清利害关系之后，对方一定会听从你的意见。

贝利是世界足球史上的伟大球王，是享有盛誉的足球天才。在很小的时候，贝利就显示出了足球天赋，并且取得了不俗的成绩。不过，在贝利的足球生涯中，也出现过一个小插曲。有一次，小贝利参加了一场激烈的足球比赛。赛后，伙伴们都精疲力竭。有几位小球员点上了香烟，说是能解除疲劳。小贝利也要了一支，得意地抽了起来。看着淡淡的烟雾从嘴里喷出来，年幼的小贝利觉得自己很潇洒、很前卫。不过，这一幕正被他的父亲看在了眼里。晚上，贝利的父亲坐在椅子上问他："你今天抽烟了？"

"抽了。"小贝利红着脸，低下了头，准备接受父亲的训斥。父亲并没有动怒，而是站起来，在屋子里来回地走了好半天，这才开口说话："孩子，你踢球有几分天赋，如果你勤学苦练，将来或许会有点儿出息。但是，你应该明白足球运动的前提是你具有良好的身体素质。可今天你抽烟了，也许你会说，我只是第一次，我只抽了一根，以后不再抽了。但你应该明白，有了第一次，便会有第二次、第三次……每次你都会想：仅仅一根，不会有什么关系的。但天长日久，你会渐渐上瘾，你的身体就会不如从前，而你最喜欢的足球可能因此渐渐地离你远去。"

看着小贝利低着头，一言不发，父亲接着说："你是愿意在烟雾中损坏身体，还是愿意做个有出息的足球运动员呢？你已经懂事了。自己做出选择吧！"

不仅如此，父亲还拿出一叠钞票，递给贝利："如果不愿做个有出息的运动员，执意要抽烟的话，这些钱就作为你抽烟的费用吧！"说完，父亲走了出去。望着父亲远去的背影，回味着父亲那深沉而又恳切的话语，小贝利忍不住哭泣起来。过了一会，他止住了哭，拿起钞票，来到父亲的面前。

"爸爸，我再也不抽烟了，我一定要做个有出息的运动员！"从此，贝利再也没有抽过一支烟，他刻苦训练球技，屡创佳绩，终于成为一代球王。

贝利的父亲之所以能取得劝服的成功，主要是运用了"示之以害，告之以利"的手法，通过合情合理的分析解释，对贝利进行耐心的诱导，让他认清了利害关系，从而接受了他的劝告。

抓住问题的关键，一语中的

正所谓"射人先射马，擒贼先擒王"。解决问题时，一定要抓住主要矛盾，这样才能事半功倍。善于操纵说服技巧的人，往往能抓住关键，一语中的，从而使对方迅速臣服。

汉代著名丞相萧何是"汉初三杰"之一，他爱国爱民，对皇帝忠心耿耿。有一次，他向汉高祖刘邦请求将上林苑中的大片空地让给老百姓耕种。上林苑是专门为皇帝游玩打猎而设的大片园林，刘邦一听萧丞相居然要缩减自己的园林，不禁勃然大怒。他认为萧何必定收受了百姓的贿赂，才为他们说话办事的。于是，下令将萧何逮捕入狱。

当时的法官廷尉是个趋炎附势、暴虐残忍之人，只要皇上认定某人有罪，他就不惜用大刑使犯人服罪。如果萧何落入他的手中，后果不堪设想。就在这紧要关头，旁边的一位姓王的侍卫官上前劝告刘邦说："陛下是否还记得原来与项羽抗争以及后来铲除叛军的时候？那几年，皇上在外亲自带兵讨伐，只有丞相一个人驻守关中，关中的百姓非常拥戴丞相。假如丞相稍有利己之心，那么关中之地就不是陛下的了。您认为，丞相会在一个可谋大利而不谋的情况下，去贪百姓和商人的一点小利吗？"

这几句话正中要害，说到了刘邦的心坎里。刘邦深有感触，认识到自己过于鲁莽和多疑，愧对萧何的一片忠心，于是当即便下令赦免萧何。

抓住关键问题，击中要害，才能迅速解决问题，甚至可以力挽狂澜，化险为夷。

周勃是汉代的一位开国元勋，他曾为汉文帝立下定国安邦的大功。

可当他辞去丞相职位，回到自己的封地后，一些奸佞小人便趁机向汉文帝诬告周勃图谋造反，汉文帝听信了谗言，将周勃逮捕入狱。按汉代当时的法律，凡是图谋造反者，不但本人要处死，而且还要灭家诛族。

在此危难之际，正是薄太后巧言相劝，让周勃转危为安。她对文帝说："皇上，周勃谋反的最佳时机是您未即位时和先皇留给你的皇帝玉玺在他手上，并且他统帅主力部分北军的时候。但是他一心忠于汉室，帮助汉室消灭了企图篡权的吕氏势力，把玉玺交给了陛下。现在他罢相回到自己的小封国里居住，怎么反而在这个不利的时机想起谋反呢？"这一番话，句句在理，完全消除了汉文帝的疑虑。周勃被立即赦免。

可见，说服他人的关键是要抓住事情的重点，分析得入情入理，那么，所有问题将会迎刃而解。

正话反说，轻松说服对方

在两人意见相左，互相争执之时，如果你直接驳斥对方说："不对，你错了。""你说的不正确。""你的这种观点是错的，应该立即改正。"这样往往会更加激发对方的"斗志"，让他变得更加固执和坚决，甚至表现出一种"誓死捍卫自己观点"的态度。这时，说服对方会变得更加困难。

迎着对方的话头，直接驳斥，不是一个聪明的选择。反语相劝，常常能轻松取胜。所谓反语就是指说话者有意地正话反说，违反常规的逻辑规律，用荒唐的理由为对方申辩，从而暴露对方的错误，使其认识到自己的观点、行为是不正确的。从而，达到说服的目的。

最能让人接受的说话方式

楚庄王的一匹爱马死了，他伤心不已，下令用上等棺木，行大夫礼节来厚葬。文臣武将纷纷劝阻楚庄王的这个荒唐举动，但是，没有任何效果。最后，楚庄王还下决心说："谁敢再劝阻，一定要杀死他。"这时，如果谁再向楚庄王表达反对意见，只能是自取其辱，惹来杀身之祸。

优孟知道此事后，他直入宫门，仰天大哭。楚庄王感到异常纳闷，迫不及待地问是怎么回事。优孟说："那匹马是大王最喜欢的，却只以大夫的礼节安葬它，太寒酸了，请大王用君王的礼节吧！"此话激起了庄王的兴趣，优孟继续说："请以美玉雕成棺……让各国使节共同举哀，以最高的礼仪祭祀它。让各国诸侯听到后，都知道大王以人为贱而以马为贵啊。"

这时，庄王明白了优孟的用意，意识到了自己的过失。最后，他取消了对马的厚葬，将马付于庖厨，烹而食之。

如果当时优孟直陈利弊、凛然赴义，一定不能达到劝服的目的。然而，他正话反说，却力挽狂澜，巧妙说服对方。

反语是语言艺术中的迂回术，采用欲擒故纵的方式，让人更为清楚地看到了事情的真面目，从而达到了更好的劝谏效果。

汉武帝刘彻的乳母曾经在宫外犯了罪，武帝知道后，想依法处置她。乳母请能言善辩、足智多谋的东方朔搭救自己。东方朔对她说："你如果想获得解救，就在将抓走你的时候，不断地回头注视武帝，但千万不要说一句话。这样做，也许有一线希望。"当这位乳母被传讯时，她有意走到武帝面前，面带愁容地不停地看着汉武帝。当时，东方朔正在旁边侍坐，他就对乳母说："你也太痴了，皇帝现在已经长大了，哪里还会靠你的乳汁养活呢？"

东方朔的这番话当然并不是嘲讽乳母，而是从反面劝说武帝不要忘记乳母的养育之恩。听到这番话后，武帝顿时露出难堪之色。当即赦免了乳母的罪过。

诸葛亮足智多谋，也是一位擅长使用反语的口才高手。《三国志·诸葛亮传》中有这样一段文字："将军量力而处之；若能以吴越之众与中国抗衡，不如早与之绝；若不能当，何不案兵束甲，北面而事之？"这段话中，诸葛亮故意用反语相激，叫孙权投降曹操，其实是为了使孙权痛下决断。

要说服别人接受自己的意见是一件困难的事情。想要举重若轻、易如反掌地达到自己的目的，就要学会巧妙地运用反语。

"反语相劝"，是指用对方错误的观点去驳倒对方，让对方无话可说，进而达到说服对方的目的。反面回答的说话技巧能轻松地说服他人，因此很有必要掌握。

迂回战术，巧妙说服

在说服的过程中，如果从正面入手，和对方针锋相对，不免会让对方产生抵抗心理，导致谈话不欢而散。一个较好的策略是采取迂回战术。

1. 逻辑诱导，无可辩驳

小飞对他的董事长抱怨说："机械方面的事我实在无法担任。我的专业是电气，对电气方面的工作比较有兴趣，对机械的事一窍不通啊！"

董事长温和地对他说："你之所以对目前的工作不太满意，是因为你读的是电气，只懂电气而不懂机械，是吗？"

"是的，我对机械的事完全外行。"

"好，读电气之前，你是不是也对电气完全了解？就是说你对电气完全外行，是吗？"

小飞答道："那当然。"

董事长继续说道："看来任何事情刚开始做时都是外行。但是，通过学习之后，就会慢慢了解，慢慢变成内行。现在，你对机械一窍不通，只要你不断学习有关机械方面的知识，然后就能渐渐成为这方面的行家。如果能做到这一步，那么，不论电气或机械方面你都能成为优秀的技术人员。对吧？"

看到小飞沉默不语，董事长接着说："身为中、小企业的人员，要做到全面发展，必须各种知识都懂得一些才行。如果只懂一种专门技术的话，在紧要关头一定发挥不了作用的。"

董事长这一番逻辑诱导的话颇具说服力，小飞幡然醒悟："我一定会认真学习机械知识的。"一年后，他对机械方面的事情已经了解得差不多了。从第二年开始，他慢慢产生兴趣，而且更加卖力工作。第三年，他主动问董事长："董事长，请问除了机械方面的事情外，还有什么新的工作可以做吗？"

2. 牵住"牛鼻子"，巧妙诱导

先来看一段失败的谈话：

甲："我们有你们需要的卡车。"

乙："吨位多少？"

甲："4 吨。"

乙："我们要 2 吨的。"

甲："4 吨有什么不好呢？万一货物太多时，不是正合适吗？"

乙："我们也要算经济账啊！以后有机会再合作吧。"

我们改用另一种方法，就能取得成功。

甲："你们运的货每次平均重量是多少？"

乙："大约 2 吨吧。"

甲："有时多，有时少，是吗？"

乙："是的。"

甲："选用何种卡车，一方面要看你装什么货，一方面要看在什么路上行驶，对吗？"

乙："对……"

甲："如果冬季在丘陵地区行驶，汽车的机器和车身所受的压力是不是比正常的情况要大一些呢？"

乙："是的。"

甲："你冬天出车的次数比夏天多吗？

乙："多得多。"

甲："有时货物太多，冬天又在丘陵地区行驶，汽车是否经常处于超负荷状态呢？"

乙："对。"

甲："那么，车的型号是否要留有余地？"

乙："你的意思是？"

甲："从长远的观点看，是什么因素决定买一辆车值不值呢？"

乙："肯定是它的使用寿命。"

甲："一辆车总是满负荷，另一辆车从不超载，你觉得哪一辆车寿命长？"

乙："当然是从不超载那一辆！"

最后，乙决定多花 3500 元买下甲的一辆载重量 4 吨的卡车。

这一次生意谈判之所以能够成功，在于甲方的机智诱导。

3. 从利益关系角度诱导

俄国的十月革命刚刚胜利的时候，革命军队攻占了象征沙皇反动统治的皇宫。义愤填膺的农民们打着火把，叫嚷着要把皇宫付之一炬。

列宁得知此消息后，立即赶到现场。他恳切地说："农民兄弟们，皇宫是可以烧的。但在点燃它之前，我可不可以说几句话？"

农民们一听列宁不反对烧皇宫，于是答道："完全可以。"

列宁问："请问这座房子原来住的是谁？"

"沙皇统治者。"农民们大声地回答。

列宁又问："它是谁修建起来的？"

农民们坚定地说："是我们人民群众。"

"那么，既然是我们人民修建的，现在就让我们的人民代表住。可不可以？"

农民们点点头。

列宁再问："那还烧吗？"

"不烧了！"农民们齐声答道。

面对激愤的群众，列宁用五句循循善诱的话，平息了群众的怒火，保住了这座举世闻名的建筑。

在说服的过程中，如果将道理讲得具体生动、引人思索，让对方觉得是这么个理儿，就能一步步循序渐进地将道理说明白，从而使对方信服。

巧设设计，请客入座

要让对方放弃他原有的观点不是一件容易的事情，尤其当面对固执己见、软硬不吃的人时，就更加困难。要让对方顺从你的建议，就需巧妙地设下说话的"圈套"，请君入瓮。

圈套一：限定选择，逼其就范

这段时间，小徐的父亲身体不舒服，食欲不振，精神欠佳。小徐很担心，几次要带父亲去医院检查。但是，老人就是不答应，说是害怕没病给看出病来，并且说一进医院就是各项检查，瞎花钱。小徐急坏了，怎样才能让父亲乖乖去医院呢？

一天早饭后，小徐冷不丁问父亲："爸爸，我今天不上班，带您去医院。你说是北大医院好还是协和医院好呢？"没等父亲说话，小徐就紧接着说："都说协和医院好，环境好，医生医术高明，态度很好，你说咱们去哪儿？"

"这么说，咱们就去协和医院吧。"讳疾忌医的顽固父亲在不知不觉中听从了女儿的意见，做出了去医院的决定。

这里，小徐就是用限定范围、逼其就范的方法。当对方难以说服时，你需要做的是将"要不要做"的问题搁到一边，直接问对方"该怎么做，这样做还是那样做"。给对方提供几个方案选择，这样可以巧妙地转移对方的注意力，对方就会从方案中选择一个。这时，你的目标就达到了。

圈套二：给对方台阶下

一位顾客在一家商场买了一件外衣后，要求退货。衣服已经穿过一次，并且洗过了。可是顾客坚持说："绝对没有穿过。"

虽然售货员发现衣服有干洗过的痕迹，但是直截了当地向顾客说明，对方是绝对不会承认的。于是，售货员说："不久之前，我新买了一条裙子，回家后把它和别的衣服放在一起了。结果我丈夫没注意，就把这件新衣服和脏衣服一股脑儿放在洗衣机里洗了。我觉得你这次可能是和我一样的遭遇吧，肯定是你家的某位不小心洗错了吧。洗衣服的时候，经常会犯这种错误的。"顾客知道已经无可辩驳，并且看到有台阶下，就顺水推舟，乖乖收起衣服走了。

当对方坚持自己的观点，在事实面前不肯低头的时候，不要和他据理力争。而是要找一个合适的理由，给对方一个台阶下，他就会很容易服从你的要求。

圈套三：激将法

小童进入新公司后，非常勤奋，工作表现也很出色，不久就被提升为部门主管。但是，小伙子因此产生了骄傲自满的情绪，看着那些工作七八年的老员工还在原地踏步，而他进入公司不到一年就"麻雀变凤凰"了，每天都和公司的上层打交道，他觉得自己真是能力不凡，觉得自己高人一等。于是，他每天对着下属颐指气使，工作态度也开始松懈了，三天打鱼两天晒网，他的业绩开始直线下滑。看到这种情况，老板找他谈话说："实践证明，你不是个好主管，也没有能力胜任这个职位，你不觉得吗？"这几句话强烈地刺激了小童的自尊心，他觉得自己被人瞧不起了，当即表示不服："我相信，我能胜任这个职位，一定能改变现状，把业绩提上去。两个月之内不把业绩提升百分之六十，我就请辞！"从此，小童一心一意努力工作，果然没有食言。

因势利导，步步为营

说服别人时，如果能顺着事情发展的趋势，向有利于实现目标的方向加以引导，就能够立于不败之地。因势利导、步步为营，是非常有效的说服术。

我们在说话时，应该具备超强的适应能力，能积极适应外部情形的变化，适应不同对手的情况。灵活地运用恰当的言辞来征服对方，赢得胜利。

如果遇上了强硬的对手，要视情况而采取更强硬的态度，战胜对手；如果遇上了软弱的对手，就应该温文尔雅，使对方愉快地接受你的意见。

《战国策》记载：有一次，秦武王对大臣甘茂说："楚国派来的使者多数都很善辩，我和他们争论时，经常辞穷计绌，该怎么办才好？"

甘茂说："大王不用忧虑，只要因势利导即可。如果那些善辩的人来了，大王就不要见他；如果那些软弱的使者来了，大王友好地接待他们。"

明代朱国桢的《涌幢小品·堤利》中说："明农者因势利导，大者堤，小者塘，界以埂，分为塍，久之皆成沃壤。"从这些论述中可以看出，因势利导是说服对手的有力武器。孟子在游说齐宣王时，曾成功地运用了此法。

战国时代的齐宣王，好大喜功，爱讲排场，他曾在临淄城郊建了一个方圆40里的猎场，专门畜养麋鹿等珍禽异兽以供狩猎之用。这个狩猎场是老百姓的禁地，如果有谁胆敢进场捕猎，定是格杀勿论。这引起了百姓的怨气。虽然这个猎场在诸侯国中已经算是"巨型"的，但是齐宣王还嫌它小。

一次，孟子来见齐宣王。言谈之中，宣王便流露出自己嫌猎场过小，百姓有怨恨不满的情绪。他问孟子道："当年周文王的猎场方圆70里，有这事吗？"孟子已经知道宣王建猎场、滥杀百姓的事。当宣王问他关于文王的猎场时，他立即答道："听说有的。"

齐宣王进一步问道："那他的猎场算不算大？"孟子一听就明白了齐宣王是嫌自己的猎场太小了，因而他顺水推舟地说："老百姓还认为它太小哩！"齐宣王就势说道："我的猎场才40里，老百姓却嫌它大呢？"

最能让人接受的说话方式

孟子便乘机进言道："文王的猎场虽有70里，但他多放养幼小的动物，而且与民同游同猎，老百姓嫌它太小，不是正常的吗？您的猎场虽然40里，但是倘若有人捕杀其中的猎物，罪同杀人，处以重罚。这个猎场就像一口深深的陷阱立于国中，老百姓当然会认为它大了。"自此之后，齐宣王再也不抱怨他的猎场太小，也不再禁止老百姓入场捕猎了。孟子能成功游说齐宣王，与他善于运用因势利导的技巧有很大关系。当齐宣王主动征询孟子关于文王建猎场的事时，他针对齐宣王好大喜功、好讲排场的禀性，还根据齐宣王乐于以周文王的故事为本的心理，先顺水推舟，因势利导地回答。然后再有条不紊地展开说辞，论证自己的观点。终于使齐宣王明白了其中的道理，接受了孟子的劝说。采用因势利导的方法时，如果能借助群众的力量，营造一种有利于说服对方的局面，就能使对方不得不心服。

萧伯纳的剧本《武器与人》首次公演便大获成功，剧终时许多观众要求他走上舞台，接受祝贺。萧伯纳走上舞台，准备向观众致意时，突然有一个人站起来挑衅道："萧伯纳，你的剧本糟透了，谁要看？收回去，停演吧！"

面对挑衅，萧伯纳笑容满面地向那个人深深地鞠了一躬，彬彬有礼地说："我的朋友，你说得好，我完全同意你的意见。"这句话让所有的人都感到很吃惊，但他指着场内的其他观众说："但可惜的是，我们两个人反对这么多观众有什么用呢？我们能禁止这个剧本演出吗？"这两句巧妙地回答，引起了全场暴风骤雨般的热烈掌声。那个挑衅者只得灰溜溜地走出剧场。

巧妙沟通三：
学会打开陌生人的话匣子

工作中、生活中、学习中，处处都免不了和陌生人接触。然而，很多人在面对陌生人时，往往不知如何开口，不懂如何顺利地交谈。他们也因此失去了结交朋友、开展工作的机会。很多口才高手能和陌生人一见如故、侃侃而谈，他们的人生也因此更加精彩。

说好第一句话

俗话说："酒逢知己千杯少，话不投机半句多。"有的人相处一辈子却形同路人，无话可说；而有的陌生人却一见如故，相见恨晚。两个萍水相逢的人要想在短暂的时间内，达到心灵上的共鸣，说好第一句话至关重要。一个好的开场白会让谈话顺畅地进行下去。

和陌生人交往时，说的第一句话要给人亲热、友善、贴心的感觉。快速消除彼此间的陌生感，拉近彼此的距离。最常用的方式就是攀认式。可以攀亲友、攀老乡等等。生活在社会中，每个人都会有自己的关系网，只要彼此留意，就能够发现双方有着这样或者那样的交叉点，找到了交叉点，就能迅速消除陌生感。

赤壁之战中，鲁肃见诸葛亮的开场白是："我，子瑜友也。"子瑜，就是诸葛亮的哥哥诸葛瑾，他是鲁肃的忘年之交。短短的一句话就拉近了鲁肃跟诸葛亮之间的关系。

"你是××大学室内设计专业毕业的？我也是，你是哪一届的，应该是我师哥吧？"既然是校友，又是同一个专业，陌生感自然就减少了很多。

"你也是杭州人啊，真是老乡见老乡，两眼泪汪汪啊。听到这熟悉的乡音，真让我激动啊！"

这种互相攀认式的谈话方式很容易让人在短时间内产生一见如故的感觉，从彼此的共同点出发，可以顺利地展开谈话。

敬慕式的谈话方法给人一种贴心的感觉。对陌生人的才华、能力表示敬重、仰慕，这是热情有礼的表现。不过要注意掌握分寸，敬慕要恰到好处，不能胡乱吹捧，否则会让对方产生厌恶感。

"您的作品我非常喜欢，每一本著作我都买来收藏，受益匪浅。今天能在这里见识您的风采，真是感觉很荣幸！"

"今天是国庆节，在这个特殊的日子里，能够有幸采访您这位开国元勋，的确很荣幸。"

"以前只在电视和杂志上见到过您的美貌，今天能一睹您的芳容，真是明白了何为倾国倾城啊。"

真诚的问候给人一种亲切、友善的感觉。问候是生活中不可或缺的因素，好的问候能快速拉近陌生人之间的距离。一句问候语往往包含了三种含义：我把尊重送给你；我把亲切送给你；我十分珍惜我们之间的友谊。

把"您（你）好"作为向对方问候致意的常用语，并且要根据对象、时间、场合的不同而使用不同的问候语。对德高望重的长者，要表示尊敬，应说"您老人家好"；对年龄跟自己相仿者，称"你好"，显得亲切。还可以根据对方的职业来称呼，如"李医生，您好""王老师，您好"。节日期间，说"中秋快乐""新年好"，给人以祝贺节日之感。

正所谓"万事开头难"，和陌生人交往时，说好第一句话也是一件不简单的事情。这句话要传递出你的热情、友善，并且能激起对方的谈话兴趣。这就为顺利进行交流奠定了良好的基础。

寻找双方的共同话题

在社交场合中，每个人都免不了要和陌生人打交道。与陌生人的初次交谈是口语交际中的一大难关，让很多人"望而却步"，如果处理得好，可以一见如故，相见恨晚；如果四目相对、局促无言，不仅当时感觉尴尬，还会成为以后继续交往的障碍。

最能让人接受的说话方式

与陌生人初次交谈能否顺利，关键在于能否找到自己与陌生人之间的共同点。从共同点入手，往往使谈话更加顺利、愉快。

寻找共同点，首先要善于观察对方的服饰、谈吐、行为举止等方面，从中捕获信息。

一名退伍军人在一辆汽车上与一个陌生人相遇，两人都坐在驾驶员的后面。汽车上路后不久就抛锚了，驾驶员车上车下忙了半天还没有修好。这位陌生人建议驾驶员把油路再查一遍，问题果然就是出在了那里。退伍军人据此分析这位陌生人可能是从部队里学来的修车技术，于是试探着问："你在部队待过吧？""嗯，待了六七年。""噢，算来咱俩还应算是战友呢。你当兵时的部队在哪里……"于是这一对陌生人就攀谈了起来，后来他们还成了朋友。

如果不能从对方的外在看出什么"蛛丝马迹"，不妨直接以话试探。陌生人在一起时，要想打破沉默的局面，开口讲话最为重要。可以主动询问对方的籍贯、工作、兴趣爱好。

两个年轻人在火车上紧挨着坐下，其中有一人问对方："在什么地方下车？"

"天津，你呢？"

"我也是，你在天津工作？"

"我是去旅游。"

"那一定要去尝尝狗不理包子。"

"是啊，这么有名的东西一定要尝尝。"

两个人的交谈非常顺利。

与陌生人见面时，如果有人介绍，可以从介绍语中猜度彼此的共同点。例如在朋友的酒会上，主人会为你介绍新朋友，说明双方与主人的关系、各自的身份、工作单位、爱好等等。这时，你可以从中寻找共同话题，例如你们都是某健身馆的会员，或者你们都是主人的同学，或者你们的孩子在同一所学校。这时，马上就围绕这个突破口进行交谈，相互认识和了解，以至双方变得亲热起来。

发现自己与陌生人的共同点是不太难的，随着交谈内容的深入，共同点会越来越多。为了使交谈更有益于对方，必须一步步地挖掘深层次的共同点。

一个度假的大学生和一位在法院工作的同志，在一个共同的朋友家聚餐，经主人介绍认识以后，两个陌生人谈了起来。慢慢地两人都发现彼此对社会上的不正之风的看法有共同点，不知不觉地展开了讨论。他们从令人发指的社会现象，谈到不良现象产生的土壤和根源，从民主与法制的作用，谈到对党和国家的期望。越谈越深入，越谈双方距离就越短，越谈双方的共同点越多。事后双方都认为这次交谈对大学生认识社会，对法院同志了解外面的信息和群众要求，都是有益处的。

陌生人之间寻找共同点的方法还有很多，比如共同的生活环境、共同的工作任务、共同的追求方向、共同的生活习惯等等，只要仔细观察就会发现，陌生人之间无话可讲的局面是可以打破的。

让对方对你产生好感

想要和陌生人开展愉快的交谈，并且迅速变得熟悉起来，首先，就要让对方对你产生好感。

如果你能为对方多提一些善意的建议，相信对方会对你产生好感。

每个人都希望得到别人的关心，当听到别人善意的建议时，都会欣然接受。所以，和陌生的女士开始交谈时，如果仅说："你的发型很漂亮。"这样单纯的赞美并不能让对方接受你。如果说："如果你的头发再烫一下，相信会更加可爱。"对方此时定能感受到你的关心，会对你更加的信任。你们之间的陌生感就会消失很多。

故意偶尔暴露一下自己的小缺点，会让对方觉得你很坦诚、诚实，这样可以消除沟通障碍。如果你把自己包装成一个完美无缺、十全十美的人，对方可能会对你敬而远之。

需要注意的是，在暴露自己的缺点时，不要毫无保留地将所有的缺点都暴露出来，也不要故意表现出一副滑稽可笑的样子。也不要犯常识性的错误，否则会适得其反，反而使人认为你是一个毫无可取之人，因而也就不会有和你继续交谈的兴趣了。暴露缺点时，要注意其中的技巧，就是要恰当地暴露一两个无足轻重的小缺点就可以了，例如不小心把笔拿反了，或者领带没有打好。这样的缺点瑕不掩瑜，不会影响你的形象，还会增加你的亲切感。

记住对方说的话，会让对方感觉你对他很重视。

两个陌生的人在交谈，甲对乙说："你家乡是哪里？"乙颇为不快地说："刚才我已经说过一遍了，我是青岛人。"可想而知，甲会感到尴尬，两人的谈话也不会愉快地进行了。

记住对方说过的话，然后在谈话中提出来作为话题，是对对方表示关心的一种方式，也是重要的说话策略。尤其是对方提及的兴趣爱好、梦想等，对对方而言是最高兴谈论的话题，一旦你能对此做个有心人，对方一定会觉得非常愉快。

注意细节，投其所好也能赢得陌生人的好感。如果能发现对方服饰或者使用的物品或者行为举止方面的细节，并且以此为话题，就能倍得对方的好感，因为对方觉得你对他是细心关注的。这样一来，你们之间的关系就会变得亲密一些。

例如，当看到对方打着一条新领带时，不妨说："你的新领带很不错，哪里买的？"

推销员小荣在推销商品时，看到对方不时摸一下自己的脚踝。问过之后才知道，原来对方刚刚扭到脚了，于是小荣立即去买了一瓶红花药酒。对方非常感激他，不仅爽快地买了他的产品，此后还建立了长期的合作关系。

此外，在陌生人面前要保持谦虚谨慎的态度，不可自吹自擂、盲目自大。在谈话时保持平和、谦逊的态度，对方定会对你态度友善。

初次交谈展现自身魅力

人格魅力是一个人内在气质的表现，包括性格、学识、修养等很多方面。一个人的魅力往往可以通过言谈体现出来，在谈话中尽情展现人格魅力，能够赢得听者的依赖与佩服。在和陌生人的初次交谈中，能够充分地展现你的魅力，可以给对方留下美好的印象，为以后的交往奠定良好的基础。如何在初次交谈中展现你的人格魅力呢？

1. 展现豁达开朗的个性

豁达开朗的人往往更有亲和力，更能赢得别人的好感。

一位老头在乘船时，听一些旅游者讲起关于在鱼肚子里发现珍珠宝物的故事。他凑上前去语重心长地说："我给你们讲一个真实的故事吧。我年轻的时候，曾和一位漂亮的女演员谈过恋爱。后来，我到国外留学，回国之前，为了给女朋友一个惊喜，我特意买了一枚钻石戒指。然而半路上得知，她已经另觅新欢，和某男影星结了婚。我一气之下把戒指扔进了大海。回到国内后，有一天，我在一家餐馆喝闷酒，鱼端上来了，我心烦意乱地塞进嘴里，刚嚼了两下，忽然牙被一个东西硌了一下。你们猜，我吃着了什么？""戒指。"大伙一齐说道。"不！"老人诡秘地笑道，"是一块鱼骨头。""哈……"人们爆发出爽朗的笑声。现场气氛顿时活跃起来，大家都纷纷想和这位幽默的老人攀谈几句。

豁达开朗的人往往能传达给听者健康向上的精神力量，让人们在轻松愉快的气氛中变得熟悉起来。

2. 对陌生人表现出宽容忍让，可以让对方对你产生好感

一次，记者小玲接到任务，要去采访某著名作家。这位作家著作等身，在文坛享有盛誉，并且是小玲非常崇拜的偶像。面对这位作家时，小玲不免有些紧张，见面的第一句话就让她出了丑："您好，很荣幸能采访您。我一直是您的偶像。"此话一出，小玲的脸立马就红了，说出去的话，泼出去的水，怎么收场啊？那位作家笑着说："你一定会成为一名非常优秀的记者，我乐意当你的崇拜者。"一句大度宽容的话，让小玲觉得这位作家非常有风度。

宽容是获得友谊的灵丹妙药。在与陌生人谈话中，由于种种原因，难免会出现一些问题，此时，如能保持宽容的心态，定会让对方觉得你很有魅力。

3. 展示智慧的一面

有一天，俄国沙皇下令召见乌克兰诗人谢甫琴科。文武百官见到沙皇后，都深深鞠躬致敬，只有谢甫琴科昂首站在一边，从头到脚打量沙皇。面对这个陌生人的傲慢举动，沙皇不由大怒，厉声问道："你是什么人？"

"我是谢甫琴科。"

"你怎么胆敢不给我鞠躬？举国上下谁见我不低头！"

"不是我要见你，是你要见我。如果我也像他们一样给你深深地弯腰行礼，你怎么能看得见我的容貌呢？"

沙皇顿时哑口无言。这番对话显示了谢甫琴科的智慧，使沙皇不得不佩服。

人格魅力具有很强大的吸引力，可以像磁石一样有力地吸引住对方。当你向陌生人展示出你的豁然、宽容、智慧的时候，对方一定会对你充满兴趣，会很高兴地向你打开"话匣子"。

记住对方的名字很重要

在和陌生人交往的过程中，记住对方的名字很重要。只要能够记牢对方的姓名，可以快速拉近彼此的距离，使对方对你产生良好印象。

无论对哪一个人而言，他的名字都是语言中最甜美、最重要的声音。认真记住别人的名字，能让你结交更多的朋友，开拓更多的道路，使你的事业更加成功。

吉姆是罗斯福竞选总统时的总干事，他1899年出生在纽约，由于家境贫寒，吉姆十岁就辍学去砖场打零工。

吉姆是个乐天派，他从一个童工干起，经过30年的努力，在46岁那年，他被四所大学授予名誉学位，并且担任美国邮政总监和民主党全国委员会主席。并且他把罗斯福推上了总统宝座。

一个几乎完全没受过教育的工人，却能成为总统的左右手。这样的传奇让钢铁大王安德鲁·卡内基感到很惊奇，于是他向吉姆请教成功的秘诀。

吉姆的回答简单有力："苦干！"

卡内基对这个答案并不满意，他还有些怀疑。

"这样吧！那你觉得我为什么能成功？"吉姆反问卡内基。

卡内基想了想之后回答说："我知道你能叫出一万个人的名字。"

"不，不是这样"。吉姆笑着说，"我能叫出五万个人的名字"。就凭着这项专长，吉姆帮助罗斯福获得了总统职位。

在一家石膏企业担任外务员时，吉姆就已经知道一般人对自己名字的兴趣，绝对胜于世上其他的文字。如果能把对方的名字当面叫出，对对方而言是一种尊重。相反的，如果把对方的名字忘了或记错，后果就难以想像了。

吉姆自创了一套记忆姓名的办法。无论何时何地，只要遇到陌生人，他一定要把对方的姓名问清楚。不单单是几个简单的字母，还包括对方的职业、党派、宗教、家庭状况等其他一切的相关资料，并且把这些信息牢牢记在脑袋里。甚至他回家后还像学生做功课一样，反复复习。

正是凭着这份本领，即使在多年后再遇到这个人，吉姆也能清楚地喊出对方的名字，热情地上前寒暄，并且还能举出对方有什么嗜好，或是最满意的事迹。靠着这种特长，吉姆的朋友遍天下。

法国皇帝拿破仑三世，虽然贵为一国之君，每天要接见很多宾客，处理很多事务。但他非常注重记住别人的姓名，他曾自豪地说过一句话："只要我见过这个人，只要我曾知道他的名字，我就能永远认得这个人，永远记住他的名字。"

受欢迎的老师，往往在第一次上课就能叫出学生的姓名；能喊出每一个员工姓名的上司，人们更愿意和他相处。

记住对方的名字随时随地都可以进行，不要把"没有时间"作为借口，你比吉姆更忙吗？比拿破仑三世更忙吗？在和陌生人交谈时，把他的名字和他的衣着、外貌、举止、谈吐结合起来，就会更加容易记住对方的名字。

熟记对方的姓名，在任何时候，都是一件不能疏忽的事情。

和陌生人说话要掌握分寸

初次谈话的成功，对于打开人际关系的大门至关重要。两位素不相识的人在交谈时，要慎重，掌握好说话的分寸，不能触犯别人的隐私。否则，会引起别人的反感，导致两人的谈话不欢而散。

一天，刚参加工作的刘华被派到外地去出差。在车厢内，她碰到一位来华旅游的英国姑娘，对方很热情，主动向刘华打了一个招呼。正所谓"礼尚往来"，如果不与对方寒暄几句，实在显得不够友善。于是刘华便操着一口流利的英语，大大方方地随口与对方聊了起来："小姐，你今年多大岁数呢？"不料对方面露愠色，答非所问地予以搪塞："你猜猜看。"刘华转而又问："到了你这个岁数，一定结婚了吧？"这一回，那位英国小姐居然转过头去，再也不搭理她了。一直到下车，她们两个人也没有再说上一句话。

刘华与那位英国姑娘话不投机，主要是因为她在交谈过程中向对方提出不恰当的问题，这些问题在国外纯属不宜向人打探的个人隐私。按照常规，对方是有权利拒绝回答的。

所以，我们与陌生人交谈时要把握以下分寸：

1. 不议论别人的短处

与陌生人在初次交谈时，提及自己和对方都很熟悉的第三者，这对缩短两人之间的距离是一种好办法。但是，此时千万不要谈论第三者的短处，因为这会给对方留下不好的印象，会担心你背后也许会议论他的短处，从而对你采取戒备心理。

2. 没有调查就没有发言权，不要人云亦云

如果人家说东，你就说东，人家说西，你也跟着说西，这样会失去别人对你的信任，同时，也体现了你自己没有主见。

3. 不要学"王婆"，自卖自夸

一句自卖自夸的话，往往是一颗丑恶的种子，一旦由你口中播入他人的心田，便会滋长出令人生厌的幼芽。所以，和陌生人初次交往时，应该保持谦逊的态度。

4. 不要啰里啰唆

"一锅豆腐磨不完，啰里啰唆招人烦。"如果你总是拿一件事情

翻来覆去地说，会使人感觉乏味。一个词、一件事不管多么新鲜诱人，若出现过频，就会大失光彩。

5. 不要急于告辞

在双方谈话进行得兴高采烈、生动活泼的时候，你提出告辞是比较适宜的。而且应选择自己讲完话时，这样做，既可以省时间，又可使对方的留恋之情油然而生，萌生起一种企求能再次见面的欲望。

只要你掌握了以上几点，初次交谈的成功率就会大大提高。

与陌生异性的交往技巧

很多人在和陌生异性初次交谈时，就感觉如临大敌一般，羞怯、紧张、局促、手足失措，甚至连挤两句应酬话也生涩，平日的伶牙俐齿、妙语连珠也不知躲到哪里去了。既然我们的生活无法回避与陌生异性交往，那么共同探讨一些交往技巧，能使我们面对千姿百态的陌生异性仍能从容应对。

首先要克服恐惧心理。

很多人在异性面前会感到紧张，更有甚者，见到陌生异性会紧张到脸红。这样的表现往往不会给对方留下好印象，一个羞怯、胆小的人怎么会招人喜欢呢？想要在异性面前有一个好的表现，首先要克服恐惧的心理，坦然、自信地和对方交谈。

其次，寻找能让对方产生共鸣的话题，"粘"住对方。

"物以类聚，人以群分"，每个人的社交圈，其实都是以自己为圆点，以共同点（年龄、爱好、经历、知识层次等）为半径构成的无数同心圆。共同点越多，圆与圆之间重叠的面积越大，共同语言也就越多，也最容易引起对方的共鸣。

共同之处包括彼此共同的专业、工作、家乡、熟人、兴趣爱好等。因此，在与对方搭讪时，一定要留意共同点，并不断把共同点扩大，对方谈起来才会兴致勃勃，谈话才会深入持久。

第三，多谈对方关心的事情。

人们最关心的是自己，这是人类最普遍的心理现象。因此，你必须谈对方所关心的，这样，对方会认为你很关心体贴他。

第四，态度要谦逊、低调。

有的人各方面条件确实不错，但为什么常常在与异性搭讪时遭到冷语，自讨没趣？关键就是这些人摆出一副高高在上的姿态。谈起自己眉飞色舞、夸夸其谈，这是令人讨厌的。一般而言，那些经历坎坷、屡遭不幸，最终通过自己的努力而获得成功的人，最能赢得别人的好感。因此，政治家或明星，为了赢得支持，往往再三渲染自己童年遭受的不幸和为了取得成功付出的巨大努力，这是一种明智的交际技巧。

所以，在与陌生的异性交谈时，不妨多谈昔日的坎坷、拼搏的历程，这样就容易唤起对方的好感和钦佩。

第五，策划"偶然"事件。

有时，你可能没有机会和陌生的意中人接触，更谈不上搭讪，在这样的情况下，你不妨给自己"制造"一个机会。

一个星期六的下午，一位穿着入时、长相英俊的小伙子手捧一束玫瑰，礼貌地敲一间公寓的门。公寓的主人是联邦德国外交部年轻女秘书凯因斯，打开门后，她面对这位不速之客，不知所措。男士连连道歉："不好意思，我敲错了门，请原谅。"然后，他接着说："请收下这束花，作为我打扰你的补偿。"凯因斯盛情难却，收下了花，并把小伙子邀请进屋。这个"误会"其实是小伙子精心策划的。

"众里寻她千百度，蓦然回首，那人却在灯火阑珊处"。许多时候，在不经之间，你也许能遇上让你怦然心跳的异性。这时，不要因为你羞于开口或者支支吾吾而就此错过一段好姻缘。只要你克服恐惧的心理，并且掌握一些交谈技巧，也许就能开展一段美好的感情。

为交谈画上完美句号

同陌生人交谈，说好第一句话固然重要，但是你也不能忽视告别语的作用。如果说开头第一句话是一份美味的开胃水果，那么结束语就是一杯香浓的咖啡，让人回味无穷。

在与陌生人结束交谈时，要努力设计能给对方留下深刻印象的告别语。

如果只是简单的一句"再见"，未免太枯燥、乏味，可能第二天对方就会忘记你。

和陌生人结束交谈时，有哪些比较好的结束语呢？

1. 关照式收尾

这种收尾方式，是交谈双方说完了自己的思想、意见或流露了某些内心意向之后，觉得有些话带有一定的范围性、对象性、保密性，不便于传播给他人，因此在结束交谈时要对此特别关照。

譬如：

"刚才我讲的一些话，是一些不成熟的看法，别人听说了难免会见笑，所以还是你知我知就好了，不要传出去，以免引起麻烦……"

"小王，我要讲的都讲了，全是心里话。你千万不要告诉别人。"

这种关照式收尾，能引起对方的注意，起到强调重点，防患于未然的作用。

2. 征询式收尾

交谈完之后，可以根据交谈目的，向对方征求意见、要求、忠告、劝诫等等。

譬如：

"通过这次谈话，你应该对我有一定的了解吧，你觉得我最糟糕的'毛病'是什么？希望你下次开诚布公地提出来。"

"张小姐，我没有什么恋爱经验，第一次约会有一点紧张，有什么需要注意和改进的地方，希望你能讲出来。"

当你与陌生下属交谈工作结束时，你应该说："你还有别的什么要求和意见吗？""你生活上还有困难和要求吗？我将全力帮你解决……"

征询式的收尾往往给人谦逊大度、仔细周到和稳重老成的印象。对方听到之后，会有一种受尊重，倍感亲切的感觉，有利于你们之间保持融洽的关系。

3. 感谢式收尾

感谢式的收尾方式具有较强的礼节性，它的基本特征是用讲"客气话"作为交谈的结束语。这样的结束方式应用非常广泛，无论是上下级之间还是同事、邻舍之间都是适宜的。

譬如：

"听君一席话，胜读十年书。"

"谢谢你的指点，我会不断努力的。"

"能和您交谈，我很荣幸。"

"谢谢你陪我度过一个美妙的下午。"

4. 祝愿式收尾

这种收尾方式不仅具有较强的礼节性，还具有极大的鼓动力。

譬如：

"再见，一帆风顺！"

"让我们一起努力吧，成为绝代双骄！"

"你一定能成功，一定能实现你的梦想！"

5. 邀请式收尾

邀请式收尾的基本特征是运用社交手段向对方发出礼节性邀请，这样充分表现了你的友善和热情。

譬如：

"如果您下次来上海，请到我们家来做客。"

"今天我们就谈到这里吧，以后有时间来我家玩吧。"

"下次有机会，我们一起去云南旅游啊。"

邀请式的收尾语在社交场合是必不可少的，这样的结束语是一种建立友谊的表示，会赢得陌生人的赞同。

与陌生人交谈时结束语的表达方法多种多样，不必拘泥于某一种方式。不过，要力求做到得体、有趣，而且余韵犹存，感人至深。

巧妙沟通四：
看准对象，察言观色

　　你要说话，先要看准对象，他是愿意和你说话的人吗？如果所遇非人，还是不说为好；这个时候，你是要说话的时候吗？如果时候不对，还是不说话的好，说话的成功与失败，诚然与你的说话技术有关，而是否得其人得其时，也与你说话的成败有很大的关系。多说话，别人未必当你是能干，少说话，也未必当你是呆子。

说话要看准对象

同样一句话，你对甲说，甲肯全神贯注地听，你对乙说，乙却顾左右而言他。这时候对甲说，甲乐于接受，那个时候对甲说，甲觉得不耐烦。这除了表示甲乙两个人的生活环境不同，也表示甲前后的心情不一样。

当年赵高要陷害李斯，对李斯申说秦二世的行为不对，劝李斯进谏，并约定秦二世有闲时候，代为通知李斯。有一天李斯应约进宫，二世正与姬妾取乐，看见李斯进来，心中很不高兴，而李斯却茫然无所知，正言进谏，二世只好当场敷衍一下。等李斯一退出，二世便开始发牢骚，说丞相瞧不起他，什么时候不好说，偏在这个时候来啰嗦！

李斯的杀身之祸也就是因为如此。可见你要向对方说话，应该注意什么时候最适宜。对方正在紧张工作的时候，不要去说话；对方正在焦急的时候，不要去说话；对方正在盛怒的时候，不要去说话；对方正在放浪形骸的时候，也不要去说话；对方正在悲伤的时候，更不要去说话。只要有上述几种情形之一，你去说话，一定会碰一鼻子灰，不但说话的目的达不到，而遭冷遇、受申诉也是意料中的事。

你有得意的事，就该与得意的人谈，你有失意的事，应该和失意的人谈。和失意的人谈你得意的事，你不但不知趣，简直是挖苦、讥讽他，他对你的感情，只会更坏，不会变好的。和得意的人谈你失意的事，他至多与你作表面的应付，决不会表示真实的同情。有时还可能引起误会，以为你是要请他帮助，他会预先防备，使你无法久谈。所以你要诉苦，应找同情形的人去诉，同病自会相怜，不但能得到精神上的安慰，亦可稍叙胸中不平之气。你要谈得意事，应该向得意的人去谈，志同道合。年轻人涵养功夫不够，稍有得意的事，便逢人就说且自鸣得意，结果招人骂你器小易盈，笑你沾沾自喜，无意中还会引起别人的妒忌。偶有不如意使你觉得满腹牢骚，如有骨鲠在喉，不免逢人就诉，结果惹人讨厌，说你毫无耐性，甚至笑你活该。

总而言之，你要说话，先要看准对象，他是愿意和你说话的人吗？如果所遇非人，还是不说为好；这个时候，你是要说话的时候吗？如果时候不对，还是不说话的好，说话的成功与失败，诚然与你的说话技术有关，而是否得其人得其时，也与你说话的成败有很大的关系。多说话，别人未必当你是能干，少说话，也未必当你是呆子。

从对方比较得意的事情说起

每一个人都有自认为得意的事情，这事情的本身，究竟有多大价值，是另一问题，而在他本人看来，却认为是一件值得终身纪念的事。你如果能预先打听清楚，在有意无意之间，很自然地讲到他得意的事情，只要他对你没有厌恶的情绪，只要他目前没有其他不如意的刺激，在情绪正常的情况下，他一定高兴听你说的。

你在说的时候当然要注意技巧，表示敬佩，但不要过分推崇，否则反而会引起他的不安。对于这件事情的关键，要慎重提出，加以正反两方面的阐述，使得他认为你是他的知己。到了这种境地，他自会格外高兴，自会亲自演述，你该一面听，一面说几句表示赞赏的话，如此一来，即使他是个冷静的人，也会变得和蔼可亲，你再利用这机会，稍稍暗示你的意思，为试探，作为第二次进攻的基点。这不是你的失败，而是你的初步成功，对于涉世经验不丰富的人，得此成绩，已不算坏，你若想一举成功，除非对方与你素有交情，又正逢高兴的时候，而且你的谈吐又是很容易令人接受的，否则千万不要存此奢望。

不过对方得意的事情要从哪里去探听，那当然要另谋途径，试就你的朋友之中，有否与对方有交往的人，如果有的，向他探听当然是最容易的。你如能留心报纸上的新闻，或其他刊物，平日记牢关于对方的得意事情，到时便可以应用。此外随时留心交际场中的谈话，像这些时候谈到对方得意的事情，也是很平常的事。但是必须注意，对方得意的事情，是否曾遭某种打击而消灭，如有这种情形，千万勿再提起，以免引起对方不快，反而对你不利。因为对方在高兴的时候，你的请求，易于接受，对方不高兴的时候，虽是极平常的请求，也会遭到拒绝。比方他新近做成一笔发财的生意，你去称赞他目光准，手腕灵，引得他眉飞色舞，乘机稍示来意，也是好机会。诸如此类的例子很多，全在于你随时留心，善于利用。

不过当你提出请求时，第一要看时机是否成熟。第二说话要不亢不卑。过分显出哀求的神情，反而会引起对方藐视你的心理。你的心里尽管十分着急，说话表情，还是要表示大方自然，并且要说出为对方着想的理由来，而不是为你自己打算。

分辨对象的说话方式

古语中有一个词叫"拾人牙慧"，说的是对别人刚说的话很快能明白，而且能够说出他未说完的意思。将这个词用到与人交往时说话的技巧上可以说是恰如其分的。

首先，应先了解对方的一些经历情况和生活状况，思维方式的不相同，也要特别了解他的生活愿望，生活观点。

其次，必须注意对方的心境特征。如果在交谈当中，不顾对方的心理变化，而一味地将想法统统搬出来，那么，你是得不到他的认同的。一厢情愿的谈话往往会让对方厌恶。

不该说话的时候说了，是犯了急躁的毛病；该说话的时候却没有说，从而失掉了说话的时机；不看对方的态度便贸然开口，叫作闭着眼睛瞎说。在交谈过程中，双方的心理活动是呈渐变状态的，这就要求我们在和人交谈中应兼顾对方的心理活动，使谈话内容和听者的心境变化相适应并同步进行，这样才能让交谈者达到明朗化，引起共鸣。因为说话更应清楚对方的身份和性格特征。

性格外向的人易于"喜形于色"，和他可以侃侃而谈；性格内向的人多半"沉默寡言"，则应注意委言婉语、循循善诱。

其三，必须考虑到对方的反应。前不久，有位外国旅游者在旅华期间自杀了，为了减少话语的刺激性，经再三推敲，最后在死亡报告书上回避了"自杀"两字，而用了"从高处自行坠落"这一委婉语。在中国北方，老人故世了，以"老了"讳饰，老干部故世了，以"见马克思去了"讳饰，类似有不下几十个同义讳饰词语。再如，生活中对跛脚老人，改说"您老腿脚不利索"；对耳聋的人，改说"耳背"；对妇女怀孕说"有喜"。总之，在语言交流中讲究讳饰，也就是"矮子面前莫说矮"，应做到"哪壶不开就别提哪壶"。其他如，长途汽车停车路边，让旅客如厕以"让各位方便一下"来避讳，用餐时需上厕所，一般以去"洗手间"来避讳。在社交场合用这些讳饰式的委婉语，不至于大煞风景。

另外，也可以用曲折含蓄的语言和商洽的语气表达自己看法的方法。例如：1981 年 8 月 31 日《人民日报》介绍优秀营业员李盼盼，她在卖菜时，对公德观念不强的顾客说："同志，请您当心一点，别把菜叶碰下来。"

从闲谈中读懂对方心态

如何从一个人语言的密码中破译对方的心态呢？闲谈是一种比较好的方式。因为闲谈大多是在一种轻松愉快的氛围下进行的，这会使对方心理上卸去防线。第二次世界大战中期，东条英机出任日本首相。此事是秘密决定的，各报记者都很想探得秘密，竭力追逐参加决定会议的大臣采访，却一无所获。这时候，有位记者有心研究了大臣们的心理定势：大臣们不会说出是谁出任首相，假如问题提得巧妙，对方会不自觉地露出某种迹象，有可能探得秘密。于是，他向一位参加会议的大臣提了一个问题：此次出任首相的人是不是秃子？因为当时有三名候选人：一是秃子，一是满头白发，一是半秃顶，这个半秃顶就是东条英机。在这看似无意的闲谈中，这位大臣没有仔细地考察到保密的重要性，虽然他也没有直接回答出具体的答案，聪明的记者，从大臣思考的瞬间，就推断出最后的答案，因为大臣在听到问题之后，一直在思考半秃顶是否属于秃子的问题。记者从随意的闲聊中套出了他需要的独家新闻。

与人谈话时，一些见识浅薄，没有心机的人就会很容易地把自己的不满情绪倾诉给你听。对于这种人，你不应和他保持更深更多的交往，只需当作一个普通朋友就行了。

假如和对方相识不久，交往一般，而对方就忙不迭地把心事一古脑儿地倾诉给你听，并且完全是一副苦口婆心的模样，这在表面上看来是很容易令人感动的。然而，转过头来他又向其他人做出了同样的表现，说出了同样的话，这表示他完全没有诚意，绝不是一个可以进行深交的人。

这种人对一切事物都没有什么深刻的印象，千万不要附和他所说的话，最好是不表示任何意见，只须唯唯诺诺地敷衍就够了。

还有一类人，他们惟恐天下不乱，经常喜欢散布和传播一些所谓的内幕消息，让别人听了以后感到忐忑不安。其实他们这样做的目的是为了引起别人的注意，满足一下他们不甘久居人下的虚荣心。他们并不是心地太坏的人，只要被压抑的虚荣心获得满足之后，他们也就消停无事了。

以倾听方式出现的人，其表现是支配者的形态。这种人物的谈语从不涉及自己的事，或有关自己身边的人。他们的话题反而是涉及别人的一些琐事，或对方的隐事秘闻，甚至对对方的一举一动或每条花边新闻都捏着不放手。这是完全彻底地侵犯别人的隐私。

从男女情况的角度来看，表示你很关心对方，或者极度爱看对方，因为你是个忠诚的倾听者。

像这样的倾听者，非常喜欢把话题的重点放在跟自己完全无关的人、名人、歌舞影星的花边新闻轶事方面，这说明他的内心存在一种起支配作用的欲望。

由此可见，他是个沉迷于闲谈名人或明星风流事的人，也说明他很难拥有真正的知心朋友。这类人或许是因为内心生活很孤独，没有生命的激情。一个人过于关心自己不太熟悉的事情，并且十分热心去谈论他们，都是表示他内心世界的孤独和空虚。

在现实生活中，还有这样的一类人，他们无论在何种场合，与别人交谈时，都爱把话题引到自己的身上，吹嘘自己当年如何奋斗的经历。惟恐别人不知道他的光荣历史，而结果，并不像他想像得那样好。

其实，从某个方面来分析他，可以发现他是个对现实不满的人。虽然他没有用怨恨的语言倾诉他的想法，相反是用自我表现的方式表达出来。事实上，他还不知道这种自我吹嘘的言谈，很难适应时代的变化。或许他是个不折不扣的失败者，完全靠怀旧来过生活。不过可以看出他确实陷入某种欲求不满的环境中，可能他的升职途径遭受阻碍，或者无法适应目前所处的环境。所以他希望忘却现实，喜欢追寻往事来弥补现在的境遇。这是一种倒退的现象，因为眼前的情况是如此的残酷，所以，他仍用梦幻般的表情来谈。从他的话题里，别人会发现他的内心深处正在潜伏着一股无可救药的欲求和不满的情结。

分析一个人的内在表现时，他的潜在欲望不但隐藏在话题里，也存在于话题的展开方式上。在聚会上，大家彼此正在交谈时，突然有人竟然不顾别人的谈话，而突然插进毫不相干的话题，这是相当令人讨厌的行为。

有的人在和别人谈话时，经常把话题扯得很远，让你摸不着头绪，或者不断地变换话题，让别人觉得莫名其妙。这说明这种人有着极强的支配欲和自我表现意识，在他的意识中，很少把别人放在眼里，而完全摆出我行我素的模样，让别人都去听从他的主张，以他的意见为主导。

一般说来，一个政府官员或一个企业的领导，都会有滔滔不绝谈话的习惯，其实，透过这种表面的现象，可以看出他担心大权旁落的心理状态。也可以说，他是一个喜欢占据优势地位的人。

话题的内容不断变化固然是个好现象，但谈得离谱，一切都显得毫无头绪的样子，那就会使听众感到索然无味。假如他是个普通人，总谈些没有头绪的话题，或者不断改变话题，东拉西扯，那就表示他的思想不集中，给别人留下支离破碎的印象。这说明他是个缺乏理性思考的人。

当然，一个优秀的沟通者，是很少谈及自己的东西的，而是将对方引出来的话题分析、整理，结果不断地从对方身上吸取许多知识和信息。在一般情况下，有的人将全部注意力放在倾听对方的谈话上，从性格上讲，这一类型的人很想理解别人的心思，而且具有宽容的心态，有真正的君子风度。

苏东坡是宋代文学家，他极具语言的天赋，长于沟通的他，却非常注重别人的谈话。有时和朋友聚会，他总是会静下心来，听他们高谈阔论。一次聚会中，米芾问苏东坡："别人都说我颠狂，你是怎么看的？"苏东坡诙谐地一笑，"我随大流"。众友为之大笑。即使是朋友问的不同观点，他也以"姑妄言之，且姑妄听之"的态度对待。

经常使用如"嗯……还有……""这个……""那个……"等的人，表示他的话不能有条理地进行，思考无头绪，思绪无条理。但即使同样使用连接词，常用"但是……""不过……"的人，一般可以认为其思考力较强。当他们在讲话时，脑子里还会浮现相对语以资过滤求证。所谓能言善辩、头脑敏锐的人，就是指此类的人。但是如果此种语调反复出现多次，其理论也随之翻来覆去，迫使对方紧随不舍，不知不觉中被牵着鼻子走，失去了招架之力。

经常使用这种表现手法的人，大都比较慎重。也正是因为如此，说话难免时断时续，只好在重新整合之时，才可以继续下去。这是一种缺乏自信心的表现。

从说话韵律读懂他人

在言谈方式中，除了音感和音调之外，语言本身的韵律也是重要的因素。

充满自信的人，谈话的韵律为肯定语气；缺乏自信的人或性格软弱的人，讲话的韵律则慢慢吞吞。其中，也会有人在讲一半话之后说："不要告诉别人……"而悄悄说话。此种情况多半是秘密谈论他人闲话或缺点，但是，内心却又希望传遍天下的情形。

话题冗长，须相当时间才能告一段落的情况，也说明谈论者心中必潜在着惟恐被打断话题的不安。唯有这种人，才会以盛气凌人的方式谈个不休。至于希望尽快结束话题交谈的人，也有害怕受到反驳的心理，所以试图给予对方没有结果的错觉。

另外，经常滔滔不绝谈个不休的人，一方面目中无人；另一方面好表现自己，并且，这种类型的人，一般性格外向。

一个成功的政治家和企业家，在控制言谈的韵律方面，都有独到之处。这种细节性的处理方式，使自己赢得了社会或下属的认可与尊重。

说话比较缓慢的人，大都是性格沉稳之人，他处事做人是通常所说的慢性子。从言谈的韵律上可以看出一个人的性格特征。

五代时，冯道与和凝同在中书省任职，冯道说话做事都很缓慢，而他的同事和凝则是个性急的人，办事果断，做人颇为自信。由于性格上的差异，两人经常为一些小事而意见不合。有一天，和凝看到冯道买了一双瓶鞋，认为款式不错，他很想买一双穿，就问冯道："先生这双鞋卖多少钱？"冯道慢慢地举起右脚缓缓地对和凝说："这900元。"和凝素来性情急躁气量又小，听到这里，便对手下人大发脾气，"你怎么告诉我这种鞋子要用1800元？"正想继续责骂，这时，冯道又慢慢地抬起左脚说："这只也900元。"和凝怒气才稍解。

注意言谈时的手势

有很多人在言谈时，往往会有意识或无意识地带上各式各样的手势，其实手势往往比言语更能传达说话者的心意。

若某人在言谈中双手交合，一手放在嘴边，或搁在耳下，或两手交叉、身体微微向前倾，表示其十分关注对方的谈话内容，正聚精会神地倾听着。

交谈中手势呈开放状，手心向上，两手向前伸出，手与腹部等高，表示愿意与对方接近并希望建立良好关系。这种手势会给对方一种充满了热情和自信的感觉，对双方谈论的话题胸有成竹。

在与人交谈时一手向前伸，掌心向下，然后由左至右做一个大的环绕动作，表示其对所述内容有充分把握。而在交谈中会将食指与大拇指拈起，或把拳头握紧，表示说活者希望吸引听众的注意力，或强调其说话内容的重要性。

另外，会用头发或手遮住脸，不让对方看见自己的表情，表示这种人表里不一，或者意图隐瞒什么。

边说话边用手指指着听者，或是握拳、缩脖子、皱眉头，或者其他一些激烈的手势，一般而言都表示此人具有潜在的攻击性。而说话时膝盖会向内缩、上身向后倾、两手交叉放在腹部，表示此人极度缺乏安全感和自信心。

当别人说话时，摆出一副超然的样子，不是往后仰靠着，用手摸下巴，就是打哈欠、四处张望，或不时地拉衣角、整领带、撩头发，这些都表明了其心里不耐烦，暗示对方不要再讲了。

巧妙缩短双方沟通的距离

投其所好。初次见面的人，如果能用心了解与利用对方的兴趣爱好，就能缩短双方的距离，而且加深给对方的好感。例如，和中老年人谈健康长寿，和少妇谈孩子、减肥以及大家共同关心的宠物等，即使对自己不太了解的人，也可以谈谈新闻、书籍等话题。

说话平实。著名作家丁·马菲说过："尽量不说意义深远及新奇的话语，而以身旁的琐事为话题做开端，是促进人际关系成功的钥匙。"一味用令人咋舌与吃惊的话，容易使人产生华而不实、锋芒毕露的感觉。受人爱戴与信赖的人，大多并不属于才情焕发，以惊人之语博得他人喜爱的人。尤其对于一个初识者，最好不要刻意显出自己的显赫，宁可让对方认为你是个善良的普通人。因为一开始你就不能与他人处于同等的基础上，对方很难对你产生好感。如果你摆出一副超人一等的样子，别人也会用同样的态度对待你。

避免否定对方。初次见面是建立良好人际关系的重要时期，在这种场合，对方往往不能冷静地听取意见、建议并加以判断，而且容易产生反感。同时，初见面的对象有时也会恐惧他人提出细微的问题来否定其观点，因此，初见面应当尽量避免有否定对方的行为出现，这样才能形成紧密的人际关系。当然，这并不是让你不提相反的意见。你应尽可能地避免当着他的面提出，或者可以借用一般人的看法以及引用当时不在场的第三者的看法，这样就不会引发对方反射性的反驳，还能够使对方接受并对你产生良好印象。

注意细节。在初次见面的场合中，如果有一方想结束话题，往往会有看手表等对方不易察觉的无意识动作。因此，当你看到交谈的对方突然焦躁地看着手表，或者望着天空询问现在的时刻，就应该及早结束话题，让对方明了你不是一个毫无头脑的人。你清楚并尊重他的想法，必能留给对方一个美好的印象。

适时评价。心理学家认为，人是这样一种动物，他们往往不满足自己的现状，然而又无法加以改变，因此只能各自持有一种幻想中的形象或期待中的盼望。

他们在人际交往中，非常希望他人对自己的评价是好的，比如胖人希望看起来瘦一些，老人愿意显得年轻些，急欲提拔的人期待实现的一天。

引导对方谈得意之事。任何人都有自鸣得意的事情。但是，再得意、再自傲的事情，如果没有他人的询问，自己说起来也无兴致。因此，你若能恰到好处地提出一些问题，定使他欣喜，并敞开心扉畅所欲言，你与他的关系也会融洽起来。

以笑声支援对方。做个忠实的听众，适时地反映情绪，可以使对方摒弃陌生感、紧张感，从而发现自己的长处。尤其要发挥笑的作用，即使对方说的笑话并不很好笑，也应以笑声支援，产生的效果或许会令你大吃一惊，因为，双方同时笑起来，无形之中产生了亲密友人一样的气氛。

关心对方。表现出自己关心对方，必然能赢得对方的好感。在招待他人或是主动邀请他人见面时，事先应该多少搜集对方的资料。这不仅是一种礼貌，而且可以满足他人的自尊，使他感受到你的诚意和热忱。记住对方说过的话，事后再提出来当话题，也是表示关心的做法之一。尤其是兴趣、嗜好、梦想等，对对方来说，是最重要、最有趣的事情，一旦提出来做话题，对方一定觉得愉快。

先征求对方的意见。不论做任何事情，事先征求对方的意见，都是尊重对方的表现。在处理某一件事中，身份最高的人握有当时的选择权，将选择权让给对方，也就是尊重对方。而且，不论是谁，都希望得到他人的尊重，决不会因此不高兴或不耐烦。

记住对方"特别的日子"。当你得知对方的结婚纪念日、生日时，要一一记下来，到了那天，打电话以示祝贺，虽然只是一个电话，给予对方的印象却很强烈。尤其是本人都常忘记的纪念日，一旦由他人提起，心中的喜悦是难以形容的。

选择让对方家人高兴的礼物。馈赠礼物时，与其选择对方喜欢的礼物，倒不如选择其家人喜欢的礼物。哪怕是一件小小的礼物给对方的妻子，她对你的态度就会改变，而收到礼物的孩子们更会把你当成亲密的朋友，你将得到全家人对你的欢迎。

直呼对方的名字。我们都习惯在比较亲密的人之间才直呼名字，连名带姓地呼叫对方，表示不想与他人太过亲密的心理，所以，直呼对方的名字，可以缩短心理距离，获得意想不到的效果。

与贵人交谈有方法

与名人说话时，不要有害羞畏怯的心情，只要真正表现你内心的意思，你就能与任何名人开口说话。有些人对名人只是一味地说些奉承话及空洞话，这样是不能使对方愉快的。如果你是真诚的，那你就把深烙在内心的印象，说给他听，他会深深感到愉快，但所用的措词和说话的态度都要得体。你可以把他视为一位有血有肉的人来对待，对他提出一些能够表达感情的问题，不要把他视为什么超人。他也实实在在像任何人一样的，敌不过疲倦，也承受不住伤害。他们可能比你更脆弱，而且与你一样害羞。不要认为他的人格真的就如他借以出名的职业一样。他向公众所投射的信心、睿智、仁慈、滑稽或性感等影像，实际上往往是表象。

当你同时应付两位名流时，不要只顾你所景仰的一位，而置另一位于不理，这会使他们两位都不自在。你应该说，遇见两位，真是使人兴奋，如果你想和他们继续交谈，那么你必须保证话题是他们二位都能参加意见的。换句话说，你要确保三人谈的方式。如果你对另一位名人并不熟悉，而且在经过介绍之后，你仍想不起有关他的任何事迹，你也不能对他有所疏忽。你必须一视同仁的，表现同样的热情和友善。

不喜欢说话的名流，包括外貌滑稽突出而似乎容易亲近的喜剧演员在内，他们在舞台上已经笑到了极限，因此，在真实生活中是再也无法幽默的。作家、诗人、画家、音乐家等等，从事创作性工作的人，虽不大喜欢说话，但这些人往往对政治乃至于宗教，都有广泛的兴趣。他们在社交场合也许不活跃，不自在，但他们有启发人们思想的独见之处，你和他们说话，必须有耐心，不要轻易动怒，也不要太热切，要温和、冷静和体贴，就像应付任何敏感的人一样。

名人往往比寻常人作更多的奉献，而且也有私人的嗜好。当你准备去拜访某位名流时，你可以预先作点谈话内容的准备，如果他是位知名度很高的名人，那么，你可以向有关方面的人去打听。比如他被邀来本地作演讲，而你想与他结识，那你即可向邀他来的单位或个人，索取有关他的资料，他们不会拒绝你索取资料的心意。

名气一般的名人，总是生活在情绪不稳定的状态，他们内在的恐惧，使他们脆弱敏感，别人稍有疏忽就会激怒他们，而且他们也容易傲慢。然而，他绝对需要你的尊重和顺从，他的名气愈小，他对于亲切、尊重的需要也就愈大了。

褪了色的名人，也就是过时的名人，最好采取迂回的战术，也即是通过第三者来了解他的问题。你的开场白应当是积极的，如这些日子以来你是如何打发的呀，或我们很久没有见你在公众场合露面，你去哪儿了？或这么久不在舞台上露面，觉不觉得无聊呢？这些话等于当头泼他一盆凉水。消极的开场白，要尽量避免，这无论如何也无法使他表达他的真情了。这样接下去的话，都会成了废话。

在多数情形下，与名人谈孩子是不会错的。你可以问对方有几个孩子，多大了，他们现在在哪儿，以及孩子读的学校好不好，学习成绩好吗？如果你也当了爸爸或妈妈，那么，你就更具备和他们谈孩子的资格了。你可以告诉他们，你的孩子已经长大，或和对方的孩子同龄，你也可以向他们表达，你对孩子蓄长发的感觉，或孩子喜欢搜集小动物等等。且话题不要扯得太远，要适可而止，更不要把所有的隐密都抖出来。

我们与大人物接近，最重要的就是不要忽略了他们也是人，对待他们，完全要像对待平常人一样，他们也有欢乐，有悲伤，有缺点，有痛恨，有惊恐，是和平常人一样有感情，他们并不是上帝或神的傀儡，他们并不因为有了地位就不再是人。他们是和你一样的，这即是你和他们接触最坚实的基础。他们在什么时候都不是神或上帝。

与富人说话有讲究

有钱人比名流还要敏感，他的富有往往是别人与他谈话发生困难的关键，他的财富使你对他敬而远之——不只是心理上，实际上你的生活方式就和他有很长的一段距离。

他和你之间的谈话材料，实际上因为你对他缺乏了解，甚至完全无知，而变得很有限。或者你可能认为，你和他之间没有谈话的余地了。你当然可以这样使自己获得心理上的平衡，不能谈就不谈，反正于己也无损失。不过，假定你偏巧遇上了一位富翁，不管他是不是你的老板，你不知所措地呆站一旁，总是不好受的。

当你遇到有钱人时，你可以设法让他说往事。过去的工作是否比现在更有趣？他爬到现在这个地位的关键是什么？谁是早年助他成功的英雄？当年的老板是否使他紧张？他的百万财富是不是他自己创造的，以及他怎样赚到他的第一笔百万金钱的。如果这个问题问得他不大自在，你就准备跳到其他问题上去吧。不要盯着问，那会很不愉快的。

如果他不愿意打开他的记忆之门，你就问他的工作时间，问他如何承担那么重大的责任，问他爱好哪些休闲活动，以及怎样布置他的办公室，很多有钱人的办公室，布置得就像豪华气派的皇宫一样，很有一谈的余地。同时记住，不要忘了他也是血肉之躯，也是一个普通的人，你也可以和他谈谈他的健康问题。

在社交场合，我们不宜向各种专业人员要求提供免费的建议。即使你的问法很技巧，那也是一种冒犯，而且你问得再技巧也瞒不过专业人员。男人常喜欢在交易场合和律师谈他们的敌手之间的问题，女人则喜欢在公共场合谈她们的孩子和丈夫。这其实与我们一向所遭遇到的电器商人索取免费的电器，并无不同。各种专业人员的职务，便是向他们的客户出售商品。我们应该在他们的营业时间才向他们提出各种建议。

你对富翁们提出有关事业上的意见，以尽量避免为宜，如果确实有提出的必要，也许可以这样表白你的意见，这次能认识您，真令人高兴，我有一个困扰很久的小问题，我想您也许能解开我的迷惑。我发现有些公司生产的酱油，瓶盖很难打开，我奇怪何以要封得那么紧呢？你所表达的是同一个意见，但其中有很大的不同。这种表达的方式，显示你对问题的关切，而你又未指名道姓地说出他的产品。你请他解答你的迷惑，你的立场是消费者，是外行人，而他是非常能干的大富翁。他会乐意答复你的问题，因为你是他的听客，不是向他挑战来的。

当你和银行家、鞋店老板或任何孩子的母亲谈话时，你均不宜过分直率。坦直是无可厚非的，但适当的含蓄更值得学习。当我们说，你是怎么使这么多人来光顾你这地方？和我们说你这地方何以总是乱成一团，往往所表示的意思是一致的，但是，你要知道，前者是不会使人难堪，而后者常会引起听者的羞怒。那么，我们何以不取前者呢？

说话不是竞争，不是斗嘴。商人把他的时间和金钱都投资在他的事业之中，并与其他的同行竞争，这是他们为争生存所付的代价，其中有些人发达起来，有些奋力维持。如果他们能遇见一位能和他们交换意见而没有敌意的人，他们会觉得幸福和快慰，如果你能发现他可引为尊荣的地方，以及他觉得有成就和有价值的地方，那么，他在你的眼前就会开花结果，你们就能缔结有建设性的友谊。

与老年人谈话要艺术

不听老人言，吃亏在眼前。这句中国老百姓耳熟能详的俗语，从一个侧面证明了人们对老年人智慧的肯定。所以与老年人交谈往往能给我们许多人生的体验和启示。所谓老人的智慧，通常都是在与他们的谈话中体会到的。

但是仔细观察就会发现，喜欢与老年人交谈的青年，甚至中年人都太少了。他们或者埋怨老人说话啰嗦，或者认为他们所说的话题陈旧，或者认为他们思想保守，恕不知他们错过了分享老人智慧和经验的大好时机。

一般人是很难跟比自己年长 30 岁以上的人谈得来的。30 年是一段很长的时间，生活方式，兴趣爱好，教育程度，社会风俗以及思想观念都发生了剧烈的变化。各方面距离都那么远的人，实在很难有共同志趣。

在这种情况下，同情和了解可以产生良好的融合作用。老年人多半喜欢追忆往事。如果你能引导他谈谈自己的过去，不但对他是一件很快乐的事，对你又何尝不是一个难得的机会？能够听到一个人亲口告诉你 30 年前，或是 50 年前的事情，这是十分难得的。

经过时间的淘汰和岁月的流逝，那些仍然深刻地留在老人们心中的，多半是一些印象深刻而生动有趣的故事。

有些老年人生命力还相当旺盛，仍然关心着现在的社会，对报纸上的新闻仍然产生着浓厚的兴趣。那么，最好是让他们把现在的事情和过去作个比较。这不但是他们最喜欢的，同时也是年轻人最感兴趣的。

因此，年青人在与老人谈话时要了解老年人以上的这些特点，并做好充分的准备聆听。一般来说，采取以下几种方法是比较受老年人欢迎的：

其一，从老年人过去光荣的历史谈起。例如谈谈老年人过去得到的荣誉，老年人最喜爱的纪念品，老年人最清楚的历史事件等等。

其二，从老年人感触最深的话题谈起。例如老年人的经历和今昔对比，老年人过去唱过的歌，老年人的日记或他们所读过的书等等。

其三，从老年人最关心的问题谈起。例如老年人的衣食住行，老年人的保健及体育活动等。

其四，从老年人最尊敬和最关心的人谈起。例如老年人所尊敬的爱国英雄、无产阶级革命家、他们的老上级、他们的老师等等。

巧妙沟通五：
到什么场合说什么话

交谈时，说和听双方对话语的采用或理解，都要受特定场合的影响和制约。就说的一方来说，无论是话题的选择，还是话语形式的采用等，都要根据特定场合的需要来确定。

说话就要注意场合

所谓"境"，有社会环境、自然环境和说话的具体场境。这里指的主要是说话的具体场境，即由一定的时间因素、空间因素和交际情景有机组合成为的言语交际场合。交谈时，说和听双方对话语的采用或理解，都要受特定场合的影响和制约。就说的一方来说，无论是话题的选择，还是话语形式的采用等，都要根据特定场合的需要来确定。

例如在说话话题上，在人家办喜事的场合，就不要谈使人丧气的话题；在人家悲痛的时候，一般忌谈逗乐的话题；在大庭广众中作演说、作报告，应当讲严肃的话题，而且话题要求集中。如果是聊天，则可以不断转换话题，甚至离题也有离题的乐趣。

从话语形式来说，一般需要按照常规形式说话，而在特定场合，又可灵活变通，组成特殊的话语形式，这样反而能够收到更为理想的效果。

首先说话一般要求语句完善，符合语法规范，但在特定场合，却允许而且需要组织结构特殊的话语来传递信息。

例如，当汽车快到十字路口而司机仍未减速时，旁边的人只需提醒："红灯？"司机便会立即作出减速、刹车的反应。此时若旁边的人说出这样结构完整的复句："前面遇上红灯，这是不准前行的讯号，你应当减速停车，以遵守交通规则，保障安全。"人家不说你有精神病，至少也会认为你这人"迂"得可以了。

因为司机头脑里早已储存有途中可能遇到的那些情况和应该作如何处理的信息，因此，只需用极简短的话语提示，他就立即会调动大脑中储存的有关信息去补充。这时的话语要特别简明，语气要特别急促。

虽然说话一般要求前后连接，语意明晰，但在特定场合又不得不采用断续跳落，甚至话题飞转的话语形式。

例如，当汽车停站后又启动时，忽听得一声急促的叫喊："车，车，车？——我还没下哩？"原来是一位妇女由于抱小孩，东西又多，来不及下车。妇女这话孤立起来看，意思不连贯，也不明确，但由于环境的参与，意思又是很明确的，加上词句的简明，语气的急促，效果十分强烈。还有，比如语音的纯、杂也可以依具体场合加以调整。一位老学者回到阔别已久的故乡讲学，在适当的时候忽然冒出一两句地道的故乡方言，又会收到意想不到的效果。

注意说话的语境

说话的语境，即指语言本身所产生的说话环境、氛围等，是说话艺术中最不易把握的也是最常见的一种现象。不同的言语表达不同的内容，产生不同的气氛，如果不注意说话的语境变化，我行我素，一意孤行，不知变通，不仅起不到说话的效果，有时反而会使谈话无法进行下去。

一位早年毕业于某高等院校中文系、勤勤恳恳工作了几十年的老教师退休了，为此，学校为他和另一位曾多次荣获过"先进"的退休老同志一并举行了一个欢送会。

与会同志和领导对他们的工作和为人进行了热情洋溢而又非常得体的肯定和赞扬，相比之下，对那位曾多次荣获过"先进"的老同志的美誉尤多。当轮到两位受欢迎的退休老同志致答谢辞的时候，他们对大家的赞誉作了深情的感谢。

一时间，会场里充满了一种令人动情的温馨气氛。作为答谢，话本该说到这里为止；然而，那位老教师却并未就此打住，却由人们对另一位"先进"的赞扬引发了感触，并作了颇为欠妥的联想和发挥："说到先进，很遗憾，我从来也没有得过一次……"话犹未尽，坐在他对面的、平日与他相处得不很融洽的一位青年教师突然抢过话头："不，那是我们不好，不是你不配当先进，是怪我们没有提你的名。"话语中带着一种不肯饶人而又让人难堪的"刺"，冷不防，老教师的眼角眉梢被"刺"出了一股感伤的表情，一时间会场中出现了一种怏怏不悦的尴尬气氛。

一位领导见势不对，马上接过话茬，想把气氛缓和一下。照理说，这时，他应避开"先进"这个敏感的话题，转而谈论其他。然而，他却反反复复劝慰那位退休老教师，叫他对"先进"的问题不要在意，说没有评过先进，并不等于不够先进，先进不仅在名义，更要看事实。如此等等，一席话等于是把本应避而不谈的话题作了重复和引申，使本已尴尬的局面变得更为尴尬。

注意说话的时境

时境是诱发说话的欲望、内容的本源。

人们说出来的每一句话，都是观念形态的东西。马克思说："观念的东西不外是移入人脑的并在人的头脑中改造过的东西而已。"说话是意识活动的产物，不管是客观地介绍情况，还是主观地抒情议论，从根本上说，都只能来源于客观现实。因此，说话的欲望、内容等，都是说话人所感知的客观事物"移入"人脑之后产生的刺激诱发出来的。斯米尔诺夫在《心理学的自然基础》中指出："意识的根源不应到脑的外部，而应该到人的社会生活——人们最复杂的意识活动形式的真正源泉中去寻找。"

不爱说话的人，在令他兴奋的场合，也常常说起来没完没了。相反的，爱说话的人，在特殊的环境中，也会缄默不语。无论爱说或不爱说话的人，其说话欲望的诱发，都是与时境有关的。人们常说"有感而发"，就是有感于说话的时境而发的。

有一次，一位领导应邀参加"新世纪党员形象"演讲会，他根本不想发言，也没做准备。但在论辩到"党员可不可以下岗"问题时，他被其他演讲者几乎一边倒的否定意见所激怒，走上讲台，作了生平以来第一次"即兴演讲"，获得了极大的成功。

这位领导本来不想发言，没有在这次会上讲话的欲望，是演讲会场这个具体时境，特别是几乎一边倒的否定意见这个具体条件，刺激了他，诱发了他的说话欲望。

所谓"即兴演讲"，大多是说话的时境诱发了演讲者的欲望，使他兴致勃勃地讲起话来。俗话说："鼓不敲不响，钟不撞不鸣。"没有特定时境的诱发，往往不会有说话的产生。

时境在诱发说话欲望的同时，也为说话提供了可资谈论的话题。

老舍的话剧《茶馆》的第一幕有这样一个场面：街上兵荒马乱，正搜查谭嗣同的余党，庞太监进来说："天下太平了。圣旨下来，谭嗣同问斩！"这话一下子打破了茶馆里"莫谈国事"的沉闷局面，出现了新的说话时境。于是：

茶客甲：谭嗣同是谁？

茶客乙：好像听说过？反正犯了大罪，要不，怎么会问斩呀？

茶客丙：这两三个月，有些做官的，念书的，乱折腾乱闹，咱们怎能知道他们搞的什么鬼呀？

……

王利发：诸位主顾，咱们还是莫谈国事吧？

（大家安静下来，都又各谈各的事）

这时，关于谭嗣同的谈论议题，是新的说话时境提供的，随着茶馆掌柜王利发"莫谈国事"的忠告，又回到原来的时境状态。新的说话时境没有了，关于谭嗣同的话题也就结束了。说话的时境是现实生活中与说话主体最切近的部分，能被说话人直接感知，是摆在身边的说话材料，随时可以参与进来，成为谈论的话题。

特定场合的说话方式

有篇报告文学记载了王震同志帮助诗人艾青的感人故事，其间王震与艾青的几次谈话，很能说明特定的交际场合需要用特定的话语形式来表达。

1957年后期，王震找到被错划为右派的艾青，一见面就说："老艾，我又爱你又恨你；你是不反对社会主义的，你是拥护真理的嘛？离开文艺界，你到我们那里去吧？"艾青到了王震兵团所在的密山安定下来后，王震诚恳而严肃地对艾青说："老艾呀，你要是搞不好，我是要骂你的。等我死了你再写文章骂我？"这些都是在背地里谈的话，在大庭广众之中说法又不一样了。艾青刚到密山，参加向荒原进军的动员大会，王震站在卡车上对大家说："有个大诗人，艾青，你们知道不知道？他也来了，他是我的朋友。他要歌颂你们，欢迎不欢迎呀？"还有一次，艾青不在身边时，王震对农场领导说："政治上要帮助老艾，赶快让他摘掉帽子，回到党内来。要让他接近群众，了解战士。"前两次讲话，均为个别交谈的场合，王震的话语既有信任，亦有批评，既有鼓励，又有严格要求，也不乏朋友间的坦诚直率。后两例，交际场合为当事人不在场或大庭广众之中，话语更多热情、爱护与帮助，这对当时的艾青来说，真可谓久旱逢甘霖，使他一直半吊着的心安稳了，他觉得自己"开始了生命的新旅程"。没有老将军这些恰如其分的讲说，或许就不会有艾青的新生，这就是特定场合的说话艺术所产生的巨大魅力。

在特定场合讲话可利用以下几种技巧和原则，以达到理想的说话效果。

（1）多角度。某些场合的变化是出人意料的。如果应对不好，会使自己陷于某种困境。这就要求说话者必须善于变换切入角度，灵活地应对和驾驭各种局面和场合。

里根就任美国总统后，第一次出访加拿大，时值加拿大正举行反美示威游行。一次，里根总统的演说为反美示威游行的人群打断。只见里根总统面带笑容对陪同的加拿大总理特鲁多说："这种事情在美国时常发生，我想这些人一定是特意从美国来到贵国的，他们是想使我有一种宾至如归的感觉。"双眉紧锁的特鲁多眉开眼笑了。里根高超的说话水平，故作曲解、歪解，解脱了主人的窘迫，又体现了一位大国总统的胸襟与气度。

（2）正话反说。利用情境的参与，正话反说，摆脱不利的话语交际环境。例如，萧何以谋反罪诛杀韩信后，又召集群臣，设下油锅，要韩信的谋士蒯通当众供认和韩信谋反的罪行。在这种特殊环境的制约下，蒯通无法直陈其词，便用正话反说的方式先数了韩信的"十罪"，接着又列举了韩信的"三愚"："韩信收燕、赵，破三秦，有精兵四十万，恁时不反，如今乃反，是一愚也。汉王驾了成皋，韩信在修武，统大将二百余员，雄兵八十万，恁时不反，如今乃反，是二愚也。韩信九里山前大会战，兵权百万，皆归掌握，恁时不反，如今乃反，是三愚也。韩信负着十罪，又有此三愚，岂不自取其祸？"蒯通明虚为数说韩信的罪状和愚蠢，实为韩信鸣冤叫屈，致使满朝文武为之动容，赢得了群臣的同情，迫使萧何难以上手烹杀。

（3）利用歧义。利用特定场合，造成情境歧义。例如，鲁迅在厦门大学任教期间，校方曾召开一次专门会议，无理削减一半经费，遭到了与会人员的反对。校长林文庆不但不予理睬，反而阴阳怪气地说："关于这件事，不能听你们的。学校的经费是有钱人付出来的，只有有钱人，才有发言权！"他刚说完，鲁迅立即从口袋里摸出两个银币，"叭"的一声"拍"到桌子上，铿锵有力地说："我有钱，我有发言权！"致使林文庆措手不及，狼狈不堪。鲁迅讲的"有钱"和林文庆说的"有钱"是两个概念，二者所包含的语意相差甚远，鲁迅正是巧妙地利用交际环境造成的歧义，给林文庆当头棒喝，压下了他的气焰，打乱了他的阵脚，实现了当众讲话的目的。

（4）言此意彼。利用情境的微妙关系，言此意彼，使双方心领神会，从而实现交际目的。

在公共场合说话有原则

在公共场合说话最主要的准则是"不哗不惊"。不哗，即不喧哗，不哗众取宠；不惊，即不大惊小怪，不惊动别人。尽管流行每年都在改变，但一个事实却是不变的，那就是适度。有一句话说得好，随便的衣着只有在某些时候才适合，而穿着正式的服装总不会太错。公共场合说话不到位，无异于穿着短裤或家常裤走在繁华都市的大街上，或者是穿着高跟鞋漫步在海滩上。因此，我们在公共场合应该有得体的言行。外人来你这里要有得体的行为和语言，你也要对他们有礼貌；组织成员之间要有礼貌；你去别人那里同样需要礼貌。例如，去政府机关办事，首先要遵守规定在门口登记，等候门卫电话确认是预约后，才能进门。找到要去的部门和负责人后，应该简要地说明来意，假如有什么事无法达成共识，比如涉及切身利益的问题，不要情绪激动，大吵大闹，以免造成不良的影响。

在银行存提款要注意给别人留下空间，在"一米线"外等候。到写字楼里办事应当着装整齐，礼貌回答门卫提出的问题，进门前一定要敲门，得到允许再进去，不要长驱直入。假如你是去推销更要注意礼貌，写字楼往往是不欢迎推销的，你应该用自己的行为语言给他们一个好印象。在饭店里不能像在家那样不拘小节，随地吐痰、吸烟等都是很不礼貌的。在酒楼除非是包席，否则最好不要太喧哗，以免影响其他顾客吃饭。到条件较好的公寓找人，要和门卫配合。到一般居民楼也不要大声喧哗，找错了门应当致歉。会场里需要注意的是不要窃窃私语，如果有几个地方在小声说话，主席台上的人听见的声音就很大了。另外要尽量把手机、呼机调为震动或者关机。

这些都是生活中一些最基本的常识，其余的还需我们在生活中仔细体会。

批评别人要注意场合

不注意场合随意批评人往往收不到批评的效果。领导者尤为如此，不仅起不到效果，还会伤了部下的面子和自尊心，也会坏了自己的形象和威信。

穿衣要看天气，批评也要看场合。

批评部属一定要注意场合，而且不能像泼妇骂街。因为，大部分人都不愿意看到上司斥责部属，不愿看到自己的同事被责骂。当然，有的人会幸灾乐祸，但大部分的人会站在被责骂者一边。

有的人喜欢在众人面前斥责下属，并不是因为出于气愤，而是想经由这种方式向上级、客户或其他部属表明这不是他的错，而是某个下属办事不力造成的。事实上，这种做法是幼稚的。

一是你既然身为领导，就得对职责内所有事务负起责任。如果你一味强调自己不知情，只会使你在掩饰的同时，暴露出你的另一面缺失，那就是你管理不力，或你所主持制定的管理规则不健全。更重要的是，你的这种推卸责任的行为，会让其他部属看了心寒，他们会觉得你是一个自私、狭隘、没有气量的上司。

二是如果一旦出了问题，你就把责任往下属身上推，拿下属做挡箭牌，那么，毫无疑问，这个下属从此就有可能对任何工作都不再热心。而且，他还会在心里想着："好啊，这次你拿我当替死鬼，那我们骑驴看唱本——走着瞧吧？"

更要命的是，如果你的部属是一个脾气暴躁的急性子，他也许当场就和你针锋相对，大吵起来。

这时，他也许会把你一些见不得人的黑幕抖搂出来，然后扬长而去。

当着那么多旁观者，谁的处境最尴尬？最终还不是你丢了自己的面子。

因此，在发生问题的时候，即使你确定是部属犯的错误，也应该把他喊到办公室，在没有第三者的情况下进行批评。

探望病人应该这样说话

亲友患病住院治疗，人们免不了要上医院去探视。然而，人们探视病人时的言语是否得当，将对患者的心理和情绪产生很大影响。尤其是一些患者因为病魔缠身而产生抑郁、焦虑、怀疑、恐惧、被动、依赖及自怜等一系列消极情绪和心理波动时，倘若探视者的语言运用得好，将会使病人精神振作，进而积极配合治疗，有利于恢复健康。因此，安慰是抚慰患者心灵的一剂"良药"。若是探视者言语失当，将会对患者造成颇大的心理压力，影响治疗效果。那么，人们在探视患病的亲友时，在医院这种环境下，该如何说话呢？

探视者对患病的亲友的安慰，是很能给人以信心的。这时候，安慰性的语言比任何时候都显得生动、有力，它易于勾起患者与自己情感的共鸣，进而稳定患者的思想情绪，有利于患者疾病的治疗。

人们对患者适时的鼓励，是对其心理上的支持，对调动患者战胜病魔的意志和勇气有着举足轻重的作用。尤其是某些患者对自己疾病的治疗丧失信心时，你若适时地给予真诚和符合客观事实的鼓励，也许就能在患者身上产生"起死回生"的作用。有一个年轻的建筑工人在高空作业时不慎摔伤，处于昏迷状态，患者在医院里苏醒后，觉得下肢不听使唤，遂怀疑自己将终身残废，萌生了轻生念头。患者的一个友人发现这一思想苗头后及时鼓励说："你年轻力壮，生理机能强，新陈代谢旺盛，只要你积极配合治疗，日后加强锻炼，肯定不会残废，这是医生说的，请你相信我。"短短几句鼓励的话，就使患者抛却了轻生念头，增强了治疗信心。

巧妙沟通六：
掌握说话的时机

　　一个人说话的内容不论如何精彩，但如果时机掌握不好，就无法达到说话的目的。因为听者的内心往往随着时间变化而变化。要对方愿意听你的话，或者接受你的观点，都应当选择适当的时机。

说话一定要把握分寸

一个人说话的内容不论如何精彩，但如果时机掌握不好，就无法达到说话的目的。因为听者的内心，往往随着时间的变化而变化。要对方愿意听你的话，或者接受你的观点，都应当选择适当的时机。

这有如一个参赛的棒球运动员，虽有良好的技艺、强健的体魄，但是他没有把握住击球的"决定性的瞬间"，或早或迟，棒就落空了。

所以，时机对你非常宝贵。但何时才是这"决定性的瞬间"，怎样才能判定并咬住，并没有一定的规则，主要是看对话时的具体情况，凭你的经验和感觉而定。

电冰箱老化了，制冷效果很差。丈夫几次提出要买一个新的，都因妻子不同意而没有买成。

中午，妻子对丈夫说："今天真热，你把冰箱里的冰棒给我拿一支来。"

丈夫打开冰箱说："冰棒都化了。"

"这个破冰箱！"妻子骂道。

"还是再买一个新的吧。"

"买一个吧。"妻子欣然同意了。

到了商店，看中了一个冰箱，一问价格，要3000多元。

"太贵了，还是不买吧。"妻子说。

"端午节快到了，天气这么热，单位给的肉和鱼往哪放？"丈夫说。

售货员这时插入一句："这个冰箱虽然贵点，但耗电小，容积大，从长远看还是合算的。"

"那好，就买这个吧。"妻子终于同意了。

这位丈夫捕捉住了说话的时机，终于达到了目的。

在反映情况和说服人的时候，要特别注意把时机选在对方心情比较平和的时候。因为一些人由于劳累、遇到不顺心或正在把注意力集中在其他事情上时，是没有心情来听你说话的。

你一定听过夫妇之间这样的抱怨：

妻子说："他回到家来，自个儿喝茶，坐下来埋头看报。要是我问他个什么，他就含糊地答一句。要是我想和他聊聊，他的心早就离得远远的，也许还挂着办公室的事。我整天陪着孩子，真渴望能有点精神调剂，可是他却不理睬我。"

而丈夫也一肚子怨气："我还没来得及关上门，她就忙不迭地向我唠叨起来：什么菜的价钱又贵了，孩子把杯子摔了，隔壁老太太又说了她几句。烦死了……"

为尊重对方，考虑对方什么时候谈话才有较大兴趣，这是必须的。

能言善辩的艺术

当你想要驳倒对方时，除了必须理由充分，还要靠说话的技巧。你要悉心静听对方的说话，摘出他话中的要点与漏洞，如果对方不曾说完，无论如何不要插嘴，面部表情也不要露出什么地方不对，什么地方赞同的表示，等他说完，有时还需问他一句，还有其他的意思吗？言多必失，让他畅所欲言，正是找寻反驳点的好机会。

你开始反驳时，态度必须从容，说话必须稳当，先把他的话总括扼要地提出，问他是否是这些意思，再从他对的方面，表示适当的赞同，使他高兴。说到后来，用"但是"两字一转，逐层反驳，把轻的放在前面，重的留在后面，越说越紧，越说越硬，直使他无法置辩。如果你要教训他几句，更要留在最后，看见他的面部表情已有感悟的表示，才好开始说教训的话。说教训的话，态度必须诚挚才能显出你的善意，千万不要有斥责或讥笑的意思，免得他恼羞成怒，引起新的纷争，因为反驳者虽恃理由与技巧使他折服，但也必须动以感情使他心悦诚服。理由越是充分，反击越是强烈，语气就越要婉转。中间有时还要替他设身处地，代为表达苦衷与用意，然后随即加以反击，使他知道错误。有时还不妨态度激昂，接着又须和悦，春风与雷霆，相互间用，充分表示你的立场的公正，表示你的凛然难犯，表示你的富于同情。就全部反驳过程而论，都是欲抑先扬，但不要扬得过分，否则反使你的抑失去了力量，也不要抑得过分，这会使你的扬引不起他感悟，废话是绝对要避免的，但是巧譬善喻绝不是废话，譬得越巧喻得越善，越能激起他的同悟。

反驳完毕，你虽取得胜利，态度仍须谦让，使他不觉得是失败，更须丢开正文，随便谈谈，总要有说有笑，把反驳时严肃的空气尽力冲淡。争辩是一回事，交谊是一回事，争辩只限于一个事项，不要牵涉到交谊，如果彼此都是代表人身份，随时要把代表人的本身分开，不要产生有直接人身攻击的嫌疑。万一对方盛怒之下，对你作人身攻击，你必须用和气的态度向他说明你是代表人，不是当事人。经过多方的解释必可减少误会，即使对方出口辱骂，你也要大度包涵，付之一笑。

至于没有利害关系的辩论，有的是维护各人的主张，有的则是比赛彼此的口才。为维护主张而反驳，多少要承认对方若干的论点，反驳的语气，有时可用补正的方式，不必完全以攻击的态度，倘若是在会议上，只要争取多数人的同情，促使各方面的响应，让各方面群起而攻击，造成他四面楚歌的局面，就可以不必单枪匹马和他相辩。这种四面合围，不但力量雄厚，声势壮大，而且你也可以不必费极大的气力。

至于比赛辩论技术，原只是游战性质，不要过分认真，倘使对方假戏真做，你便乘机退出，表示讲和。有人不能明白这一点，往往因薄物细故，极力争辩，弄得双方面红耳赤，不欢而散，其实这又何苦呢？

一言既出，驷马难追

说话之难在于无法修改，一言既出，驷马难追。它不像写文章一样，可增删改动，可仔细思考。话一说出口，几乎就没有收回的余地。

何况，社交对象形形色色，交谈之前宜先打个腹稿，理出主题，免得临时口不择言或摸不着重点。说话时两眼当然要注视对方，表示很有兴趣的样子，并随时注意对方的反应，以调整自己的话题。如发现对方有不想听下去的表情，或不时瞄一眼手表，你就该长话短说，尽快结束谈话。如果他表情疑虑，你就该多加解释。如果他很感兴趣，你不妨加以发挥。如果他想插嘴，你就让他发表意见。总而言之，与人交谈必须懂得察颜观色，以免误会。

表明态度时，也要有个分寸，譬如认为是对的，就回他一声很好；觉得不对，就表示此一问题很难说，各有各的立场；可以办到的，不妨回答我去试试，成功与否不敢保证；办不到的，就直说此事太困难，恐无多大希望……总之，在交谈中要留余地，以免事后进退两难。

事实上，交谈是应该受到一点限制的，因为交谈本来即受三方面局限：一是人，二是时，三是地。非其人不必说；非其时，虽得其人，也不必说；得其人，得其时，而非其地，仍是不必说。非其人，说三分真话已嫌太多；得其人，而非其时，恰好说三分话，正给他一个暗示，看看他反应如何；得其人，得其时，而非其地，正可引起他的注意，如有必要，不妨择地另作长谈，这才叫作通达世故。

举个例说，有时碰到喜欢刺探别人隐私的人，他会迂回进攻，在交谈当中插入一些主要的问句，希望你暴露真情，你如果不愿意告诉他，应该特别留神，顾左右而言他，或者干脆说"无可奉告"，以阻止他不断的烦扰。

此外，宿醉未醒，或是盛怒之后，都不宜交谈。因为此时心绪不宁，最易"祸从口出"。

说话要掌握最佳时机

聪明的小孩子往往懂得在大人高兴的时候提出自己的要求，而且，这时他们的要求多半会被满足。家长们在心情比较好的时候，为了不破坏气氛，往往会比平时更加宽容大度。

在上下级相处的过程中，也存在着同样的情况。自然，下属并不是小孩子，不存在着对领导的人身依附关系。但是，他们之间的权力从属关系却是毫无疑问的，下属要取得的每一分利益都需要有领导的首肯。在中国这种文化传统下，事实上，每个领导都有一种"家长"倾向，都有恩威并举的心理，那么我们就不妨因势利导，巧妙地加以利用，在领导春风得意之时，或提要求，或进谏语，必能收到意想不到的良好效果。

史载，有一次唐太宗意兴舒坦，心情十分高兴，便笑着问大臣魏徵："你看近来政治怎么样？"魏徵觉得这是一个进谏的好机会，马上回答说："贞观初年，您主动地引导人们进谏；过了三年，遇到有人进谏，还能愉快地接受；这一二年来，勉勉强强接受一些意见，可是心里总觉得不舒服。"

太宗听后有些吃惊，问道："你这样讲有什么根据吗？"魏徵于是便举出三件事来加以佐证，这三件事反映的是唐太宗在魏徵所说的三个时期内对人的三种不同的态度。唐太宗于是明白了，说道："若不是您，不能说这样的话。一个人苦于自己不知道自己啊！"于是，更加虚心地听取臣下的意见了。由此可见给领导提建议，有很重要的一个学问，那就是一定要注意时机和场合，以便使领导更能用心领会你的意见，并不会导致对你的反感。例如在娱乐活动中，一般领导的心情比较好，这时候提出建议会使领导更容易接受。特别是如果你能把所提的建议同当时的情景联系起来，通过暗示、类比等心理活动的作用，则会对领导有更大的启发。还有些比较成功的下属善于接住领导的话荏儿，上承下转，借题发挥，巧妙地加以应用，从而很好地触动了领导，使许多悬而未决的问题得到了解决。

过去有一个单位刚购置了一批计算机及相关设备，并准备修建一个机房。但在机房安置空调机一事上，领导却不肯批准，认为单位的同志们都在没有空调的情况下办公，不宜单独对机房破例。虽然有关同志据理力争，说明安装空调是出于机器保养而非个人享受的需要，但仍不能打破领导的老脑筋，说服领导。

后来，单位的领导与同志们一起出去旅游、参观。在一个文物展览会上，领导发现一些文物有了毁坏和破损，就询问解说员。解说员解释说，这是由于文物保护部门缺乏足够的经费，不能够使文物保存在一种恒温状况下所致，如果有一定的制冷设备，如空调，这些文物可能会保存得更加完善。领导听后，不禁有些感慨。此时，站在一旁的机房负责人乘机对领导低语："其实，机房里装空调也是这个道理呀！"

领导看他一眼，沉思片刻，然后说："回去再打个报告上来"。很快，这位领导就批准了机房的要求，为他们装上了空调设备。

妙语连珠的反击

在人际交往中，人们总难免碰到一些无理的语言。你对某人的不良或错误行为进行直接责备，他却反过来与你顶撞。如在一外国球场里，一个大学生的视线完全被前面一位年轻妇女的帽子挡住了，于是他对她说：

"请您摘下帽子。"可妇女连头也不回。"请您摘下帽子。"大学生气冲冲地重复一遍。"为了这个位子,我破费了15个卢布,却什么也看不见!"

"为了这顶帽子,我破费了115个卢布。我要让所有的人都看它。"年轻的妇女说完,一动也不动地坐着。她违反公共道德,却反而振振有词地反驳大学生的正常干预。

年轻的朋友们,碰到这种无理行为,你怎么办?许多人常常大发一通怒火,大骂一顿无赖,可到头来,对方还是振振有词,条条有道,"理由"充足得很。你自己倒气得手脚发颤,只会说:"岂有此理,岂有此理。"

那么,应该怎样说话,才能反击这种无理的行为,使得对方觉得理屈词穷、无言以对呢?有四点值得注意。

(1)情绪平和

遇到无理的行为,首先要做到的就是不要激动,要控制情绪。这个时候的心境平和,对反击对方有重要作用:一是表现自己的涵养与气量,以"骤然临之而不惊,无故加之而不怒"的大丈夫气概在气质上镇住对方,如一下子就犯颜动怒,变脸作色,这不是勇敢的行为。古人曰:"匹夫见辱,拔剑而起,挺身而斗,此不足为勇也。"对方对此不但不会惧怕,反而会对你的失态感到得意。二是能够冷静地考虑对策,只有平静情绪,才能从容选出最佳对策,否则人都弄糊涂了,就可能做出莽撞之举来,更不要说什么最佳对策了。

(2)反击有力

对无理行为进行语言反击,不能说了半天,不得要领,或词软话绵。而要做到打击点要准,一下子击中要害;反击力量要猛,一下子就使对方哑口无言。

有一个常愚弄他人而自得的人,名叫汤姆。这天早晨,他正在门口吃着面包,忽然看见杰克逊大爷骑着毛驴哼哼呀呀地走了过来。于是,他就喊道:"喂,吃块面包吧。"大爷连忙从驴背上跳下来,说:"谢谢您的好意。我已经吃过早饭了。"汤姆一本正经地说:"我没问你呀,我问的是毛驴。"说完得意地一笑。

大爷以礼相待，却反遭一顿侮辱。是可忍，孰不可忍！他非常气愤，可是又难以责骂这个无赖。无赖会说："我和毛驴说话，谁叫你插嘴来着？"于是大爷抓住汤姆语言的破绽，进行狠狠的反击。他猛然地转过身子，照准毛驴脸上"啪、啪"就是两巴掌，骂道："出门时我问你城里有没有朋友，你斩钉截铁地说没有。没有朋友为什么人家会请你吃面包呢？""叭叭"，对准驴屁股，又是两鞭子，说："看你以后还敢不敢胡说。"说完，翻身上驴，扬长而去。大爷的反击力相当强。既然你以你和驴说话的假设来侮辱我，我就姑且承认你的假设，借教训毛驴，来嘲弄你自己建立和毛驴的"朋友"关系，给这个人一顿教训。

（3）含蓄地讽刺

对无理行为进行反击，可直言相告，但有时不宜锋芒毕露，露则太刚，刚则易折。有时，旁敲侧击，绵里藏针，反而更见力量，它使对方无辫子可抓，只得自己种的苦果往肚里吞，在心中暗暗叫苦，就像苏格兰诗人彭斯那样。

有一天，彭斯在泰晤士河畔见到一个富翁被人从河里救起。富翁给了那个冒着生命危险救他的人一块钱作为报酬。围观的路人都为这种无耻行径所激怒，要把富翁再投到河里去。彭斯上前阻止道："放了他吧，他自己很了解他生命的价值。"

（4）巧妙借用

对无理的行为进行语言反击，是正义的语言与无理的语言的对抗。所以，反击的语言一定要与对方的语言表现出某种关联，正是在这种关联中，才会充分表现出自己的机智与力量。要做到双方语言的巧妙关联方法有三：

第一，顺其言，反其意。这种方法的效果在于使人感到那个无理的人是引火烧身，搬起石头砸自己的脚。例如德国大诗人海涅是个犹太人，常遭到一些无耻之徒的攻击。在一个晚会上，一个人对他说："我发现了一个小岛，这个小岛上竟然没有犹太人和驴子！"海涅白了他一眼，不动声色地说："看来，只有你我一起去那个岛上，才会弥补这个缺陷。"

"驴子"在南方语言中，常常是"傻瓜，笨蛋"的代名词。面对是犹太人的海涅，将"犹太人与驴"并称，无疑是侮辱人，可海涅没有对他大骂，甚至对这种说法也没有表示异议，相反，他把这种并称，换上"你我"，这样就一下子把"你"与"驴"相等了。

第二，结构相仿，意义相对。这种方法是在双方语言的相仿与相对中，表现出极其鲜明的对抗性。如丹麦著名童话作家安徒生一生简朴，常常戴顶破旧的帽子在街上行走。有个不怀好意的人嘲笑道："脑袋上面的那个玩艺是个什么东西，能算是顶帽子吗？"安徒生回敬道："你帽子下面那玩艺是个什么东西，能算是个脑袋吗？"安徒生的话语和对方的话语结构、语词都相仿，只是几个关键词的位置颠倒了一下，显得对立色彩格外鲜明。

第三，佯装进入，大智若愚。即假装没识破对方的圈套，照直钻进去。这种方法的效果是显出自己完全不在乎对方的那种小伎俩。

例如：一个嫉妒的人写了一封讽刺信给美国著名作家海明威，信上说："我知道你现在是一字千金，现在附上一美元，请你寄个样品来看看。"海明威收下钱，回答一个字——"谢！"海明威完全识破了对方的刁难、侮辱人的行为，但他根本不将此放在眼里，他就照他人的刁难要求办，结果也真搞得那人反而难下台。

别触及对方心中的忌讳

中国幅员辽阔，各地的方言不同，往往同样一句话，意义却完全相反，你以为侮辱，他以为尊敬，你以为尊敬，他以为侮辱，所以古人才有"入境随俗"的主张。

从前有个浙江人，到北方去做官，他的妻子也是南方人。有一天，太太教女仆洗衣服，她说："洗好后，出去晾晾。"晾晾的字音，南方人读做浪浪，浪浪在北方是不好听的词。女仆听了，当然觉得奇怪。太太询问原因后出口笑骂道："堂客！"堂客在江苏、浙江一带，是骂人的名词，女仆听了，急着说："太太，不敢当"！太太又问其所以，才知道原来在湖北等省，"堂客"是尊敬女人的意思。

这是一个笑话，却可证明方言意义的不同。比方你称呼人家的小男孩，叫他小弟弟，总不算错吧？但是在太仓人听来，认为你是骂他；比方你对老年男子，叫他老先生，总算不错吧？但是在江苏嘉定人听来，当你是侮辱他。你在安徽，称朋友的母亲，叫"老太婆"是尊敬她；但是你在江浙地方，称朋友的母亲为老太婆，那简直是骂她了。各地的风俗不同，说话上的忌讳各异，你与人交际，必须留心对方的避讳话。一不留心，脱口而出，最易令人不快。

虽然对方知道你不懂他的忌讳，情有可原，但在你总是近乎失礼，至少是你犯了对方的忌讳，在友谊上是不会增进的。比方你对江浙人骂一声混帐，还不是十分严重，你如果骂北方女子一声，那就会被认为是奇耻大辱，非与你大肆交涉不可。从前有一位小学教师，为了一些小争执，骂学生的母亲混帐，不料这位女家长，是一个北方人，因此向学校当局大兴问罪之师，要那位举出她混帐的事实来。原来"混帐"二字，在北方是女子偷汉的意思，这种解说使问题显得严重了，学校当局虽一再道歉，声明误会，还是不肯罢休，只好请出他人劝解，才算了事。这近乎笑话的故事，更足以证明方言上的忌讳是必须特别留心的。

留心对方忌讳，在交际上原是小事，在彼此交谊上却有极大影响，你在社会上做人，冤家越少越好，因为说话不识忌讳而多招空心冤家，那更是不值得了。

探听出对方的真意

近年来"午夜谈心"一类的电台或电视节目非常流行。有一位心理学专家应邀在这类节目中对来谈心的人进行心理指导，这是件吃力不讨好的工作，这位专家必须在有限的时间内，根据对方的言论给予适当的劝告或指点迷津，但假如言之有失，就会被对方斥责，甚至追加罪名。

然而，这位专家却在听（观）众中颇有口碑，许多人都希望与他坦诚地交谈。他的独门绝活就是能迅速且正确地从对方的话语中捕捉出一些真实的想法。据他透露：在交谈中，对方说出似乎有些异常的话时，便马上再用这些异常的话来反问对方，便可以探出对方的真意了。

譬如，有一次，一位中年妇女来到这个节目演播厅，主要话题是她的丈夫经常夜归的问题。一开始，这位妇女举出很多认为她丈夫夜归是因为有外遇的理由，随后，她突然冒出一句："为什么只有男人可以这么做，却不准我们女人这样做……"这位心理专家马上反问道："'只有男人'这话怎么个意思？"

这位妇女当即歇斯底里地说："不，说这种男人对爱情不专是男人有魅力的表现，是陈旧的观点，我也很想这么做，也想背叛他……"他又反问道："虽说是陈旧的观点，那你认为现代女性应当水性杨花吗？"

她思忖了一阵，答道："不是的！不是这样的！不是爱情不专这件事好或不好，而是我讨厌他老跟我撒谎……"心理专家又问："那么不撒谎，坦白对你说出来就可以原谅吗？你觉得这种爱情不专的做法好吗？总之，你可不能因为丈夫这样做，自己也想去试试爱情不专的行为……"

听完专家的一番话后，这位中年妇女羞涩地承认了自己的想法不对。

这位心理专家敏捷地抓住了"只有男人……"这句话，引发对方道出自己内心深处的欲望——总想去试试爱情不专的举动和念头。

上述的这种技巧，在与初次见面的人交谈时也是相当有效的。

开玩笑一定要得体

人际交往中，开个得体的玩笑，可以松弛神经，活跃气氛，创造出一个适于交际的轻松愉快的氛围，因而诙谐的人常能受到人们的欢迎与喜爱。但是，开玩笑开得不好，则适得其反，伤害感情，因此开玩笑要掌握好分寸。

一、内容要高雅

笑料的内容取决于玩笑者的思想情趣与文化修养。内容健康、格调高雅的笑料，不仅给对方启迪和精神的享受，也是对自己美好形象的有力塑造。钢琴家波奇一次演奏时，发现全场有一半座位空着，他对听众说："朋友们，我发现这个城市的人们都很有钱，我看到你们每个人都买了二三个座位的票。"于是这半屋子听众放声大笑。波奇无伤大雅的玩笑话使他反败为胜。

二、态度要友善

与人为善，是开玩笑的一个原则。开玩笑的过程，是感情互相交流传递的过程，如果借着开玩笑对别人冷嘲热讽，发泄内心厌恶、不满的感情，那么除非是傻瓜才识不破。也许有些人不如你口齿伶俐，表面上你占到上风，但别人会认为你不能尊重他人，从而不愿与你交往。

三、行为要适度

开玩笑除了可借助语言外，有时也可以通过行为动作来逗别人发笑。有对小夫妻，感情很好，整天都有开不完的玩笑。一天，丈夫摆弄鸟枪，对准妻子说："不许动，一动我就打死你！"说着扣动了扳机。结果，妻子被意外地打成重伤。可见，玩笑千万不能过度。

四、对象要分清

同样一个玩笑，能对甲开，不一定能对乙开。人的身份、性格、心情不同，对玩笑的承受能力也不同。

对方性格外向，能宽容忍耐，玩笑稍微过大也能得到谅解。对方性格内向，喜欢琢磨言外之意，开玩笑就应慎重。对方尽管平时生性开朗，假如恰好碰上不愉快或伤心事，就不能随便与之开玩笑。相反，对方性格内向，但正好喜事临门，此时与他开个玩笑，效果会出乎意料地好。

此外，还要注意以下几点：

①和长辈、晚辈开玩笑忌轻佻放肆，特别忌谈男女情事。几辈同堂时的玩笑要高雅、机智、幽默、解颐助兴、乐在其中。在这种场合，忌谈男女风流韵事。当同辈人开这方面玩笑时，自己以长辈或晚辈身份在场时，最好不要搀言，只若无其事地旁听就是。

②和非血缘关系的异性单独相处时忌开玩笑（夫妻自然除外），哪怕是开正经的玩笑，也往往会引起对方反感，或者会引起旁人的猜测非议。要注意保持适当的距离。当然，也不能拘谨别扭。

③和残疾人开玩笑，注意避讳。人人都怕别人用自己的短处开玩笑，残疾人尤其如此。俗话说，不要当着和尚骂秃儿，癞子面前不谈灯泡。

④朋友陪客时，忌和朋友开玩笑。人家已有共同的话题，已经形成和谐融洽的气氛，如果你突然介入与之玩笑，转移人家的注意力，打断人家的话题，破坏谈话的雅兴，朋友会认为你扫他面子。

五、场合要适宜

美国总统里根一次在国会开会前，为了试试麦克风是否好使，张口便说："先生们请注意，五分钟之后，我对苏联进行轰炸。"一语既出众皆哗然。里根在错误的场合、时间里，开了一个极为荒唐的玩笑。为此，苏联政府提出了强烈抗议。总的来说，在庄重严肃的场合不宜开玩笑。

总之，开玩笑不能过分，尤其要分清场合和对象。

如何回避难以回答的问题

在人际交往中，常会遇到一些难以回答，不便回答或不愿意回答的问题。如果坦白地答一声"不知道""无可奉告"，这不仅使对方难堪，破坏气氛，而且使自己显得无风度，没涵养，没水平。这时，最巧妙的办法是使用无效回答。

所谓无效回答，就是用一些没有实际意义的话去做些实质性的回答，推诿搪塞，答了等于没答，而别人又不能说没答。例如：

一男士遇一女士："喂，小李，听说你病了，什么病？"

"不是什么大病。"

"那到底是什么病？"

"一点小病。"

显而易见，这位男士可能是真的关心这位女士，但却失礼，因为两性间毕竟是有区别的。在这种情况下，小李机警地做了无效回答，非常得体。

生活中，无效回答用得较多的词儿是"没什么"和"不清楚"。

"喂，听说你们经理交桃花运啦？"

"不清楚呀。"——好事者无可奈何。

无效回答的方法和策略多种多样，常见的有以下几种：

一、守势的（消极的）含混回答。

二、积极的答非所问。我国一位涉外工作者到澳大利亚工作时，一澳大利亚人问他："你爱澳大利亚吗？"这位同志觉得答"爱"与"不爱"都不合适，于是答道："澳大利亚的袋鼠挺可爱。"这类答复一般用于那些不便于具体肯定与否定的问题。

三、歪答有些荒唐和强人所难的问题，不必硬着头皮去找正确答案，干脆将"错"就"错"，或者偷换概念，歪打正着，这样倒会取得好的效果。据说，一外国人问中国有多少厕所，答："两个，一个是男厕所，一个是女厕所。"——既然你的提问违反常情，让人难堪，我何不也让你哭笑不得？

四、消极地回避。直接说出对方不得不承认的避答理由，使双方均不难堪。一次，一位外国记者在中央美术馆和大家谈"女模特儿具有为艺术献身精神"的话题时，问其中的一位女画家："假如让你当人体模特儿，你愿意吗？"公开说"愿意"吧，对一个青年女性非易事；说"不愿意"吧，又是自己打自己的嘴巴。于是，这个聪明的女画家说："这是我的私事，不在采访之列吧？"解脱了窘境，且自然而有道理。

五、诱导对方自我否定。一次，美国前总统罗斯福的一位朋友问他在加勒比海小岛上建立潜艇基地的计划。罗斯福小声问他的朋友："你能保密吗？朋友脱口而出："能。"罗斯福接过来道："我也能。"显然，罗斯福巧妙地设计了圈套，诱导对方说出自己不想回答的原因，而表面上又是在回答。

无效回答看起来多带消极色彩，实际上它处于积极的守势，守中有攻，柔中有刚。另外，运用无效回答，需要机智，但只要留心学习，也不难掌握。

巧妙沟通七：
让自己的语言充满魅力

口才是一门艺术，更是一门技术。优秀的说话能力是可以锻炼出来的，通过最基本的训练，可以做到吐字清楚、语速适中、逻辑清晰、饱含感情……想要妙笔生花，就要准备好上乘的笔墨纸砚；同样，想要口吐莲花，就要掌握最优秀的口才基本功。只有掌握好基本功，才能进一步完善口才技巧，提高口才水平，让口才从技术升华为艺术。

保持一定的语速

说话的第一作用就是传递信息，只有让对方听清楚你的讲话，信息才能顺利传递。因此，说话时一定要做到发音清楚，吐字清晰，这就要求语速适中。

说话的速度是不宜太快，亦不宜太慢，一般而言，标准的语速是每分钟 70~90 字。有些人语速非常快，就像上足了发条的机器一样，这样使听的人不易应付，而且自己也容易疲倦。有些人以为说话快些，可以节省时间，其实语速太快，难免导致发音含糊，不清楚，别人往往听不清楚他在说什么，因此他也只能一遍一遍地重复。这样不但没有节省时间，还浪费了不少时间。有些人，语速很慢，慢慢吞吞，就像蜗牛一样，这样也不利于交流。语速可以通过多种方式进行练习。倾听别人的谈话、朗读、听广播，这些都可以帮助你改善语速。

下面介绍几种简单、易行、有效的语速训练方法。

1. 朗读

经常朗读可以锻炼人口齿伶俐、语音准确、吐字清晰。空余时间，找一篇优美的散文或者演讲稿，在安静的地方进行朗读。力求读的过程中不要有停顿，发音要准确，吐字要清晰，要尽量把每个字音都完整地发出来，没有含混不清的地方。语速过快的人尽量刻意放慢速度，语速过慢的人注意提高速度。

这种训练的优点是不受时间的约束，只要手头有一篇文章就可以练习。当然，你也可以找一些"听众"，让他们帮你挑出毛病，这样就更有利于你有目的地进行练习。没有听众的话，你还可以用录音机把你朗读的内容录下来，然后自己反复昕，从中找出不足，进行改进。

2. 交流

平时多和别人交流，运用一切说话的机会锻炼语速。在与家人聊天、和同事谈论工作的时候，时时刻刻注意自己的语速，可以保持适中的速度，这样长期坚持下来，就会慢慢养成良好的说话速度。

3. 听广播

多听广播，吸取别人的经验，也可以不断提高和改善自己的说话水平。尤其要多听听新闻播音员播报新闻，他们吐字非常清晰，语速适中，能把信息顺畅的传递给我们。不妨模仿你最喜欢的播音员，以他的标准要求自己，相信你的说话水平会大幅提高。

成功从来不是一朝一夕的事情，想要口才能力不断提高，需要长期的磨炼。

让你的声音充满魅力

成功的语言表达，莫不以声达意，以声传情。富有魅力的声音不仅会为口才增色不少，还会美化说话者的形象。当我们听见有吸引力的声音时，我们往往会认为此人优雅大方、气质高贵，甚至会觉得他更胜任某项工作，也更具有领导才干。一个声音悦耳动听的人，往往让人感觉更加亲近。一个声音沉闷粗哑，或者生硬刺耳的人，不仅不吸引人，甚至令人生厌。

一个人讲话的声音，既是其最感性直觉的，也是最具代表性的符号。俗话说"音容笑貌"，声音的重要自始而知。所以，在口才基本功的训练中，美化声音必不可少。

声音对于人们的工作、生活有重要的作用，通过改善声音、提升语言形象，可以促使人们走向成功。现在，很多发达国家的职业教育工作者就将说话声音的培训作为十分重要的内容。尤其是电话销售公司、公关公司和咨询公司，它们对雇员的声音要求非常严格，要求声音动听、友善、诚恳、热情、沉稳，让顾客和业务伙伴通过声音感受到公司的专业化素质和诚信的服务。饱满圆润、悦耳动听的声音应该怎么练就呢？

声音锻炼的第一步是练气。俗话说"练声先练气"。气息是人发声的动力，是发声的基础。气不足，声音软弱无力；用气过猛，又会损伤声带。所以练声，先要学会用气。

先来练习怎样呼吸。

吸气：深呼吸，小腹收缩，胸部打开，尽可能深地吸气。

呼气：缓慢呼气，呼吸时把牙齿合上，留一条小缝让气息慢慢呼出。练习缓慢悠长地呼气有利于经常演讲、朗诵的人。

第二步是练声。首先要放松声带，发一些轻慢的声音，就如同"啊……""一……"不要一开始就大声叫喊，或者发出刺激的声音。让声带做好准备工作。

因为口腔直接关系到声音的洪亮、圆润与否，所以放松完声带之后要做一些口腔的准备活动。首先进行张闭口练习，活动嚼肌。接下来练习挺软腭，可以学习鸭子"嘎嘎"叫。

练声时，要选择最佳时间，不要在早晨刚睡醒时就到室外去练习，那样会损害声带。尤其是秋冬季节，室外和室内温差较大时，张口就喊，冷空气会刺激声带。要在温度适宜、气候温暖的时候练习。

英国教育社会学家格莱斯顿说："99％的人不能出类拔萃是因为他们忽略了对嗓音的训练，他们认为这种训练不具有任何意义。"塑造良好的语言形象，塑造充满魅力的声音，是每一个人提高能力、开发潜能的重要途径，更是每个人驾驭人生、改变生活、追求成功的无价之宝。

在练气和练声之后，就要开始练习吐字了。只有发音准确无误、清晰、圆润，吐字才能"字正腔圆"。我们所说出的每一个词、每一句话都是由一个个最基本的语音单位组成，然后加上适当的重音和调整。只有清晰地发出每一个音节，才能清楚明白地表达出自己的思想。

每一个音节都可以分为：字头（声母）、字腹（韵母）、字尾（韵尾）。

俗话说："咬字千斤重，听者自动容。"所以在练习发声时，一定要紧紧咬住字头。具体的做法就是嘴唇要有力，把发音的力量放在字头，利用字头带动字腹和字尾。

想要声音圆润，字腹的发音一定要饱满、充实，口型一定要正确。如果做不到字腹的饱满、圆润，发出的声音就会是扁的、塌的。

字尾一定要完整，把音全部发出来，不能发半截或者一部分音，当然也不能把声音拖得太长。这样声音就能悦耳动听了。

除了经常做上面的练习之外，在平时说话时，要注意避免一些不良的发音习惯。

首先，不要让发出的声音尖得刺耳，虽然每个人的音色、音质不同，有的高亢，有的低沉，有的单纯，有的浑厚。但是，说话时，要善于控制自己的态度，尽量避免刺耳的声音。

其次，不要用鼻音说话。所谓的鼻音，包括"姆……哼……嗯……"之类的声音。这样的声音让人听起来非常的不舒服，并且还会给人一种傲慢无礼的感觉，让人听起来你似乎在抱怨什么。如果你使用鼻腔说话，第一次见面时绝对不会给别人留下好印象。如果你期望自己的声音更加富有魅力，就尽量少用或不用鼻音说话。

再次，注意控制说话的音量。与音调一样，我们每个人说话的声音大小也有其范围，声音过大，会让人感觉你是一个无礼的人、鲁莽的人。声音过小，往往会影响交流。应该找到一种大小最为合适的声音来和别人交谈。充满热情与活力的声音会深深地吸引听众，为你的口才增色不少。

掌握一定的语调

语言如果缺乏语调的变化，就会变得平淡无味。语调可以让语言变得丰富、生动起来。

语调，是指整句话和整句话中某个语言片断在语音上的抑扬顿挫，包括声音的高低变化、说话长短和停顿以及音量的轻重等。在日常谈话中，语调往往能传递很多的信息，传达说话人的感情，能对听众的心理产生极其微妙的特殊作用。恰当的运用语调，能使谈话更加吸引人。

有时候，即使语言不通，人们却能从语调中理解对方的情感，感受对方的心情。

摩契斯卡夫人是波兰的一位明星，一次她到美国演出时，有位观众请求她用波兰语讲台词。于是她站起来，开始用流畅的波兰语念台词。观众们虽然听不懂波兰语，不了解台词的意思，但是他们却觉得听起来令人非常愉快。

渐渐的，摩契斯卡夫人的语调转为低沉，最后在慷慨激昂、悲怆万分时戛然而止。此时，台下的观众鸦雀无声，同她一起沉浸在悲伤的情绪之中。在这一片寂静中，台下却传来一个男人的笑声，他就是摩契斯卡夫人的丈夫——因为他的夫人刚刚用波兰语背诵的是九九乘法表！

由此我们可以看出，语调竟然能产生如此巨大的魔力。即使不明白语言的意思，也可以使人感动，甚至可以完全控制对方的情绪，让人们随着它的激情高昂而精神振奋，随着它的低沉悲怆而难过伤心。

人的声音是个性的表达，是一种内在的剖白。因此，声音能透露出畏惧、犹豫、冷漠，也可以透露出喜悦、果断、热情。希腊哲学家苏格拉底说："请开口说话，我才能看清你。"这正是"言为心声"，语言可以表露一个人的心理。

灵活巧妙的变化语调，能为你的语言锦上添花。在表示疑问的时候，可以稍微提高句尾的声音；要重点强调的时候，声音的起伏可以更大些；表现强烈的感情时，可以把调子降低或逐渐提高。

那么，怎样才能使语调更生动，使你的语言更有说服力呢？

第一个原则是要掌握有特色的各种句调。

句调是指一句话中声音的高低变化，这是语调中主要的内容。句调可分升调、降调、曲调、平调四种。升、降、曲、平四调，各具特色。熟练掌握各种句调的特点，才能灵活表达出各种句调。

1. 升调

升调的特点是前低后高，整个句子的后半句声调明显升高，句末音节比较高亢。当人们在提出问题、感情激动、情绪亢奋、发号施令、宣传鼓动等情况下会用升调。

2. 降调

降调的特点和升调相反，降调时声音先高后低，声调逐渐降低，句末音节短而低。降调是日常交际中运用最广泛的一种语调变化，它多用于情绪平稳的陈述句、感情强烈的感叹句、表达愿望的祈使句等。

3. 曲调

表达复杂的情绪或隐晦的感情时，人们往往用曲调。曲调顾名思义就是句调不断由高转低，自低升高，或由低转高，再降低。运用曲调可以充分表达语义双关、言外有意、幽默含蓄、讽刺嘲笑、夸张等情景。

4. 平调

当人们表达庄重严肃、冷淡漠然、思索回忆、踌躇不决等情绪时，常常运用平调。平调的语言句调变化不大，比较平稳、舒缓。

第二个原则是灵活运用语调的抑扬顿挫。

语调的抑扬顿挫使语言呈现一种自然和谐的音乐美，从而更有吸引力。平坦无奇的道路给人一览无余的枯燥感，而曲折蜿蜒的小径更加充满情趣。抑扬顿挫的语调变化能更细致地表达思想感情和语气，语调越多样化，语言越生动活泼。同样一句话，由于语调不一，就可能给人不同的感觉。

第三个原则是控制说话的轻重快慢。

说话轻重适宜，能使语意分明，声音色彩丰富，语气主动活泼，语言信息中心突出，从而更能吸引听者的注意，易于被人理解和接受。一般来说，人们在说话时，重要的词语或需要强调的内容往往说得重些；不重要的内容或者平淡的话题往往说得轻些。根据说话的内容，该轻则轻，该重则重，使语言错落有致，舒服畅快。

运用恰当的语速说话，是控制语调的主要技巧。语速徐疾有序，快慢有节，才能使语言富于节奏感，增强感染力。

你的语言是否吸引人，你的情感是否打动人，常常取决于你的语调。不同的语调，会让听者产生不同的感觉。真实、准确、富有生命力的语调是你的口才成功的关键。

掌握说话的节奏

在与人交往时，要想说话让人家爱听，喜欢听，就要注意控制好自己说话的节奏。说话的节奏是指说话时不断发音和停顿形成的强弱有序和周期性的变化。在日常生活中，大多数人根本不考虑说话的节奏。而说话时不断改变节奏，可以让我们的语言更加生动。

富有节奏感的语言就像充满张力的琴弦，像缓缓潺流的小溪，倾听这样的谈话，简直是一种艺术的享受。高超的口才家对语言的节奏掌握是随心所欲的，他们将语言的节奏当作钢琴的琴键而随意指挥，弹奏出一曲曲动人心弦的音乐。

说话的节奏不同，给人的感觉也不同。有的人说话很快，"突、突、突、突"地像打机关枪一样，给人一种急促的感觉；而另外一种人则恰恰相反，说话节奏很慢，慢慢悠悠。这两种极端的情况都是没有掌握好说话的节奏。如果不懂得如何控制节奏，不仅不能发挥口才的魅力，还会导致沟通障碍。

有一次下班途中，一位青年遇到一群刚看完电视球赛的学生。

就问："这场比赛谁赢了？"

有一个学生说："中国队大败日本队获得冠军。"

听完这个回答，这位青年非常迷惑：到底是中国队打败了日本队获得了冠军呢，还是日本队打败中国队获得了冠军呢？

又问了另一位学生，他才知道是中国战胜了日本队。

那位学生的回答之所以让人不明其意，就是因为他没有掌握好说话的节奏。我们在说话时需要借助节奏，来帮助我们传递信息、表达感情。

快慢适中、起伏有度的语言不仅有助于传递信息，帮助听者理解所说的内容，还使语言有了美妙的乐感，使人愿意听，喜欢听。

意大利有位独特的音乐家，他上台不是唱歌，而是把数字有节奏地、有变化地从1数到100。所有的听众都被他的美妙"歌声"倾倒了，甚至有的人感动得流下了眼泪。可见节奏的魅力是多么地大。

那么，我们应该怎样才能掌握好说话的节奏呢？关键就是掌握好什么时候应该减速，什么时候应该加速。

当遇到需要特别强调的事情、非常严肃的事情、使人感到疑惑的事情、需要控制感情的事情、数据、人名、地名等等的时候，就需要减速，放慢说话的节奏。

当遇到众所周知的事情、无法控制的感情、精彩的故事进入高潮时等情况，就需要加快说话的节奏。

除了简单的加速和减速之外，语言的节奏有多种形式。在日常生活中，一般有下面几种类型：

1. 高亢型

高亢型的语言声音偏高，起伏较大，语气昂扬，语势多上行。高亢的节奏能产生威武雄壮的效果。在进行鼓动性强的演说，或者叙述重大事件、宣传重要决定、讲解激动人心故事的时候，往往会采用这种方式。

2. 低沉型

低沉型的语言语流偏慢，语气压抑，语势多下行。一般在讲述悲剧，或慰问、怀念等情况下多采用这种语言节奏，使人感到低缓、沉闷、庄重。

3. 轻快型

轻快型语言节奏是最常见的，听来不费力。日常性的对话，一般采用这种节奏。

4. 舒缓型

舒缓型语言节奏是一种稳重、舒展的表达方式。声音比较平稳、从容。语调没有太大的起伏。

不同的语言节奏分别用于不同的场合、不同的环境。准确把握语言节奏，才能显示出口才的内在力量。

表达想法的语言要简洁

托尔斯泰说过："人的智慧越是深奥，其表达想法的语言就越简单。"其实真正打动人心的语言往往不是长篇大论，而是那些简洁有力的话语。简洁的语言是打动和吸引听众的重要条件。所以，人们在谈话时应遵循简洁明了的说话原则，甚至要"惜字如金"。

古人云"立片言以居要"。语言简洁，是指语言简明扼要、言简意赅。语言简洁要遵循"言简而意丰，言简而意准，言简而意新，三个原则，即用最精炼的语言讲述丰富的内容，把意思表达准确，并且使语言充满新意。简洁的语言可以一语中的、一言九鼎、字字珠玑。

第二次世界大战期间，面对希特勒的进攻，英国节节败退。人心彷徨，士兵士气低沉。当时的英国首相丘吉尔觉得有必要做一场演讲，来激励士兵的士气，挽救国家的命运。

举行演讲时，丘吉尔拄着拐杖，戴着草帽，慢步走向讲台。他先把草帽放在讲台上，然后用目光从左到右横扫了整个军营，说："永不放弃！"然后又从右到左横扫了整个军营，说："永不放弃！"当时整个军营鸦雀无声，连一根针掉在地上的声音都可以听到。然后他又从左到右横扫了一次整个军营，加大声量说："永不放弃。永不放弃，永不放弃，永不放弃！"整个军营都兴奋起来，欢呼声和拥抱淹没了整个军营。此后英国接连打败了希特勒德国的数次进攻。

这就是丘吉尔最著名的演讲，世界上最震撼的演讲，同时也是世界上最短的演讲。在这个讲究效率的时代，不要用你的长篇大论来浪费彼此的时间，折磨别人的耳朵了，简洁明晰地表达自己的观点才能收到更好的效果。

在重要场合下，面对重大事件时，往往更需要简洁有力的语言。

1981年世界杯排球赛最后的一场是中日对决，第一、二局中国女排轻松地获胜。此时，女排姑娘们高度兴奋，激动不已。结果严重失控，打得毫无章法，导致第三、四局稀里糊涂地输给了日本队。

这时，主教练袁伟民非常着急，他一再请求暂停，面授方法，却没有任何成效。

如果继续这样下去，势必会导致惨败，把冠军拱手让给对手。怎样才能使女排姑娘镇静下来，获取全胜的真正冠军呢？第五局开始前的短暂时间里，主教练袁伟民对姑娘们说了几句话："要知道，我们是中国人，我们代表的是整个中华民族，祖国的人民在电视机前看着我们，我们要拼，我们要搏，我们要大获全胜。这场球拿不下来，我们要后悔一辈子！"

这简短的几句话、几十个字，道出了中华民族的精神与尊严以及这场球的关键意义，极大地鼓舞了女排姑娘们的士气。在这沉重的话语下，女排姑娘们一鼓作气，努力拼搏，胜了第五局，赢得了世界冠军！

如果在当时，主教练袁伟民长篇大论，抓不住重点，也许女排就会以失败告终。

郑板桥有诗云："削繁去冗留清瘦。"当今的语言大师认为言不在多，达意则灵。可见，简洁是说话的最高境界。

耶稣讲的伟大的"登山宝训"，在5分钟内可以背诵完毕。林肯的葛底斯堡讲话在美国历史上被誉为"最优美的一篇不朽的演说词"，这篇演说词只有10句话，271个字，演讲时间仅用2分钟。如此简短的演说词成为林肯一生不朽的经典。

幽默大师马克·吐温讲过这样一个故事：有一次我去教堂做礼拜，适逢一个传教士在那里用令人哀怜的语言讲述非洲传教士苦难的生活。当他说了5分钟后，我马上决定捐助50元；当他接着讲了10分钟后，我就决定把捐助数目减至25元；当他滔滔不绝地讲了半个小时后，我又在心里把捐赠数目减到5元；当他最后讲了一个小时，拿起钵子向听众哀求捐助，从我身边走过的时候，我却反而从里面偷走了2元钱。

这个故事告诉我们，讲话长篇大论、冗长繁复，会让人生厌。说话还是短一点好，简练一些好。

语言简洁首先要做到长话短说。老舍说："简练就是话说得少，而意思包含得多。"

其次还要中肯实在，不要讲空话、套话。没有意义的长篇大论只能浪费时间，折磨听众。

生动活泼的语言更吸引人

呆板、枯燥的言辞让人感觉很乏味；生动形象、灵活多变的语言才能充满吸引力，激起听者的兴趣，不断给他们以新鲜的刺激。所以，在发言的时候要注意使自己的语言充满生命力、活泼灵动。

要使自己的语言风格不断变化，面对不同的说话对象、不同的场合，使用不同的说话策略，语言风格要"因人而异、因地制宜"。

足智多谋的诸葛亮之所以能舌战群儒，就是因为他针对不同的对象采用不同的说话风格。面对张昭、步骘等儒士大臣们的唇舌挑衅，他谈笑风生、妙语连珠；面对虞翻、严峻，他慷慨激昂；面对程德枢，他条分缕析、鞭辟入里。所以说，诸葛亮可谓是一张嘴打天下。

场合不同，说话风格也要有所改变。

国画大师张大千一向为人孤傲。一次，他为弟子举行饯行酒宴，邀请了社会各界的名流。在酒席上，他一改往日的做派，举杯来到京剧大师梅兰芳先生面前："梅先生，您是君子，我是小人，我先敬您一杯！"宾客们听罢都感到很惊讶，梅兰芳不解其意："此话怎讲？"张大千笑答："您唱戏，动口，您是君子；我画画，动手，我是小人嘛！"满堂宾客大笑不止，梅先生笑着一饮而尽。宴会的气氛变得非常热烈。如果张大千先生在宴会上仍然保持着平时的孤傲，势必会导致宴会气氛的拘谨。

采用多变的句型可以让语言更加丰富生动。

句型多变主要表现在不仅有常见的主谓句，还有很多非主谓句，如：主谓倒装、定状异位等等。有时，通过一个标点符号就能实现句型的变化，使意思完全改变。

当年日本侵略者将天津的南开大学炸得一塌糊涂，大家都哀叹："南开成了难开。"当时的南开校长张伯苓听后，说道："难开？那要加一个标点：难，开！”一个逗号将偏正短语变成了具有转折关系的复句。将知难而进、愈挫愈勇的精神淋漓尽致地表现出来了。多变的视角可以充分显示语言的魅力。

同样的事物，从不同的角度去观察认识，就会得到不同的认知。语言的表达视角在交际中有很重要的作用。

马克·吐温是著名的幽默大师、讽刺大师，他非常擅长利用多角度表情达意。在一次酒会上，他向记者说道：“美国国会中有些议员是狗婊子养的。”记者把这爆炸性的话语通过新闻媒介传了出去。华盛顿的议员们大为愤怒，强烈要求马克·吐温道歉，否则他将面临吃官司。过了几天，《纽约时报》果然刊登了马克·吐温的道歉启事：“我考虑再三，觉得此话不当，而且不符合事实，故特此登报声明，把我的话修改如下：美国国会议员中有些议员不是狗婊子养的。”

马克·吐温从不同的视角表达了自己对国会议员的鄙视。

在说话时，注意以上三个原则，就可以让你的语言更加丰富多彩、韵味无穷。

说话切记要有的放矢

在谈话的过程中，经常会出现“跑偏”的现象。假设谈话的主题是“提高员工素质”，在谈话过程中，往往会发现谈话的内容已经“偏离跑道”，跑题了。最后可能话题已经扯到环保、经济危机，或者是其他不相干的话题上了。

偏离了跑道，还怎么能顺利到达目的地呢？所以在说话时，一定要注意有的放矢、紧扣主题。

一切事物都有必然存在的目的和意义，讲话也不例外，它是服务于一个最终目的的。不论当众发言、谈判、采访，还是汇报工作、谈恋爱，甚至聊天、拉家常、倾诉感情……都是为了实现一定的交际目的而进行的。所以在谈话时，要坚持话由旨遣，时刻围绕主题。

说话的目的，一般就是以下几种类型：

1. 传递信息或知识

授课、讲座、新闻报道、产品介绍、展览解说等情况都是以传递信息为目的的。

2. 引起注意或兴趣

此类情况包括打招呼、寒暄、应酬、拜访、介绍、主持人讲话等。这种类型的谈话一般是出于社交目的，或为了交际，或者是沟通的需要。

3. 促进了解，增进感情

聊天、叙旧、拉家常、谈恋爱等，往往是为了结交朋友，加深感情。

4. 激励或鼓动

赞美、广告宣传、就职演说、毕业典礼、纪念活动、庆祝活动中的讲话，通常是以激励为目标。这类说话旨在坚定人们的信心，激励人们的斗志，引起精神上的兴奋。

明确了讲话的目的，谈话、社交往往能够取得良好的效果。每次说话之前，不妨想一想："我为什么要说？"或者"人家为什么要我说？"并且预先想一想可能产生的效果。只有目的明确了，才能更加充分的准备话题和谈话资料，以及确定采取何种说话风格，运用哪些技巧。即使是遇到突发情况，也能冷静处理，临场应变。

如果没有明确的谈话目的，无的放矢，东拉西扯，往往让对方不知所云，无所适从。有时甚至还会闹出笑话。

据说有个人讲话常常偏题，说不到点子上。在他结婚的时候，他的发言更是让人丈二和尚摸不着头脑："我衷心地感谢大家在百忙之中赶来参加我们的婚礼，这是对我们的极大鼓舞、极大鞭策、极大关怀。由于我们俩是初次结婚，缺乏经验，还有待各位今后多多给我们以帮助、扶持和指导。今天有招待不周之处，欢迎大家多提宝贵意见，以便下次改进。"

这番话实在是滑稽可笑，很不得体，看似有礼，其实却是乱放炮。

谈话时紧扣目的，需要在讲话过程中根据情况的变化进行不断地调节。有时谈话进行的过程中，常会出现因为对方及周围情况发生变化。或者是兴致所致，而偏题的情况。这时，谈话者同样需要自觉控制，及时调节说话内容，以便回到原定话题上来。

给语言多一些修饰

修辞就像是给语言穿上美丽的衣服，画上精致的妆容。修辞，是对语言进行修饰、调整和加工的技巧。恰当地使用修辞可以增强语言表达的艺术效果，增强感染力和吸引力，使说话的内容更加生动、形象。

修辞是语言表达的基础性技巧，具有很强的表达效果，能使言辞显现出一种动人的魅力。一个人要想拥有好口才，就应该注意学习运用一些基本的修辞手法。

大家从小学就开始学习修辞，但是在日常谈话中却很少能够灵活地运用。比喻、比拟、借代、夸张、排比、对偶、双关、设问、反问等修辞方式我们并不陌生，但是，在谈话中，我们却很少能够灵活运用它们。

修辞对讲话风格的形成，有着不可替代的作用。巧妙运用修辞能让你的语言熠熠生辉。

1. 比喻

比喻是讲话中最常用的一种修辞方式，被称为"语言艺术中的艺术"。比喻可以使语言更加生动形象、色彩斑斓、出神入化。

运用比喻可以直观形象地向人们展示事物的内在特征，从而使人们更加清楚、深刻地认识事物。

刘向《说苑》中讲过这样一个关于"比喻"的故事：

有人对梁王说："惠子这个人说话善于打比喻。如果大王不让他打比喻，那么，惠子就没法说话了。"

于是，梁王对惠子说："希望你今后说话时不要打比喻了。"

惠子没有直接拒绝梁王，而是回答说："假若有个人不知道'弹'为何物，您告诉他'弹就是弹'，他能明白吗？"

梁王说："当然不能明白呀！"

惠子接着说："如果您告诉他：'弹的样子像弓，弦是用竹子作弓。'那么，他该明白了吧？"

梁王说："这样当然能明白了。"

惠子说："我要把事物介绍给别人的时候，您说不打比喻行吗？"

梁王说："不打比喻是不行的。"

惠子通过实例说服了梁王，印证了比喻的作用。

比喻不仅能使事物更加形象，还能使道理更加鲜明、生动。

一次，有人请教爱因斯坦相对论是什么。爱因斯坦没有直接给他讲解相对论的概念，而是巧妙地用了一个比喻："你同你最亲爱的人坐在炙热的火炉边，一个钟头过去了，你觉得好像只过了五分钟；反过来，你一个人孤孤单单地坐在热气逼人的火炉边，只过了五分钟，但你却像坐了一个小时。这就是相对论。"

如果不是用比喻来解释，恐怕对方是没这么容易明白高深玄妙的相对论原理的。

2. 借代

为了把某个问题说清楚，不直接说某人或某事物的名称，而是借用和这个内容相关的，人们所熟悉的名称和事物来代替它，这种修辞方式就是借代。实际上，借代就是改变一下名称或变换一个说法。

例如："枪杆子里面出政权"；"我们的原则是党指挥枪，而决不容许枪指挥党"。这里用军队中的战斗武器"枪"来代指军队，形象地说明了党和军队之间的关系。

运用借代这种修辞方式时，用以借代的事物必须具有明显的代表性，是人们熟知的事物。

3. 双关

一个词或一句话在一定的环境下，具有两重含义，这样就构成了双关。运用双关这种修辞时，讲话人要表达的意思恰好隐含在词语的背后，需要人们认真揣摩。

双关能使语言更加含蓄自然、幽默风趣，具有很强的感染力。

在日常交往中，常常会遇到一些不宜正面回答的问题。这时不妨使用双关巧妙应对，既能让对方心领神会，又给对方留面子。有一天，一位年轻的作者来到出版社，向编辑推荐自己的作品。编辑看了他的作品后问道："这是你自己原创的作品吗？"

青年人回答说："我构思了一个多月时间，整整坐了三天才写出来的。唉，写作真辛苦！"

"啊，伟大的契诃夫先生，您什么时候复活了啊！"编辑大发感慨。

年轻人无言以对，悄悄地走掉了。

显然年轻人的作品是抄袭契诃夫的，但是编辑并没有直接说，而是风趣地说契诃夫先生复活了，一语双关。

运用双关艺术一定要妥帖恰当，注意当时的语言环境。

4. 反问

反问可以加重语气、强调观点。反问的答案就在问句的反面。

反问是表达激烈情绪的一种方式，虽然是问句，但是并不需要听众来回答，因为答案就在问句的反面，并且意思明确、坚定。在热情奔放、情绪激昂的场合常常使用反问。

1775年3月23日，美国独立战争时期著名的政治家帕特里克·亨利，在弗吉尼亚州会议上慷慨陈词，发表了激情四射的演说："回避现实是毫无用处的。先生们会高喊：和平！和平！！但和平安在？实际上，战争已经开始……我们的同胞已身在疆场了，我们为什么还要站在这里袖手旁观呢？先生们希望的是什么？想要达到什么目的？生命就那么可贵？和平就那么甜美？甚至不惜以戴锁链、奴役的代价来换取吗？……不自由，毋宁死！"

这次极具震撼力和感染力的讲话被誉为"美国独立战争的导火索"。演说词中斩钉截铁的言词和一连串的反问，表达了震撼人心的浩然正气，让每个听众热血沸腾。

巧妙地运用修辞不仅可以使语言更加生动、形象，同时，有助于表达感情。灵活运用修辞是不可或缺的口才基本功之一。

微笑能为你增光添彩

辛迪·克劳馥说："女人出门若忘了化妆，最好的补救方法就是亮出你的微笑。"微笑可以为你增添光彩，让你更具魅力。微笑是人际交往的润滑剂。每一个真诚的微笑都像是蓓蕾初绽，微笑根植于人们的心灵，散发着友爱和善良的芬芳。真诚的笑脸会让每个人都感觉放松、亲切，并且充满安全感。

尼采认为，由于发笑是使人们能够容忍生活磨难的唯一途径，所以人们才笑。的确如此，微笑可以带给黑暗中的人光明，带给寒冷中的人温暖。微笑可以激励人心，可以抚平创伤。美国密歇根大学心理学教授詹姆士说："面带微笑的人通常对处理事务，教导学生或者销售行为，都显得更有效，也更能培育快乐的孩子。笑容比皱眉头所传达的信息要多得多。"所以说，学会微笑可以让彼此之间的沟通更顺畅。

仅仅注意到笑的作用是不够的，还应当做到两点：真诚的微笑；把握好笑的时机和方式。有研究表明：真笑的表情特征是嘴唇迅速咧开，在达到笑的高潮以后，短暂而迅速地闪一下眼睛。真诚的微笑就像是雨露，可以滋润干涸的心田；就像是一缕阳光，温暖寒冷的角落。真诚的微笑可以感染别人。正如智者所言："假如你是一粒微笑的种子，那么，他人就是土地。"而伪装出来的笑容会让人感觉不舒服，甚至影响交谈。所以，如果你不是由衷地感到满足，就不要喜形于色。

要注意选择笑的时机、场合、话题。在欢庆、愉悦的场合下，在轻松的气氛中，在诚恳坦率的交谈中，应该笑。在探视病情、承认错误、参加追悼会、给烈士扫墓的时候，就不能面带笑容。如果这时还在嘻嘻哈哈、说说笑笑，就显得很不恰当了。笑的时候应该自然大方，得体适度。忸忸怩怩的笑、咧嘴龇牙的笑、谄媚逢迎的笑、挤眉弄眼的笑，都会给人一种不愉快的感觉。微笑是无声的语言，它不仅是形象的外在表现，也是人的内在精神的反映。恰当地运用微笑，可以增强沟通效果。面对宾客时，边微笑边招手，会使对方感觉你很热情，有礼貌。遇到不易接受的事情，边微笑边摇头，委婉谢绝，可以减少尴尬和难堪。你的笑容就是你好意的信使，能向周围的人传递友善、热情。一个整天愁容满面、唉声叹气、紧皱眉头的人怎么会受人欢迎呢？

说话时不可忽视的礼仪

在说话的时候，注意必要的礼节是非常重要的。这不仅体现了说话者的知识和涵养，也表现了他对听者的尊重。

说话时的礼仪包括体态、仪表、穿着、举止等很多方面。

首先来看一下说话时的头部礼仪。点头一般表示同意、致意、赞同；

摇头一般表示不满、怀疑、反对等；侧头表示思考、天真；昂头表示自信、自满、骄傲等；低头表示委屈、顺从等。

在运用首语的时候，要注意动作明显，让对方看清楚；并且要配合语言，这样能更加清楚地表达发言者的意思。比如用点头表达同意时，要说："好的，是的。"

在谈话的过程中，人们常常会用手指语来传递信息。比如竖起大拇指，表示"很棒！"向上伸小指一般是表示"微不足道""最差"。使用手指语时要注意选择合适的场合，并且不可在交谈的过程中向别人作出不友好的手指语。如果手指语的使用频率过多，幅度过大，会给人缺乏修养、张牙舞爪的感觉。

正所谓"站有站相，坐有坐相"。说话时的站姿和坐姿都要注意。正确的站姿是站得端正、自然、稳重。站立时，上身保持正直，头正目平，下颌微收，肩平胸挺，直腰收腹，两臂自然下垂，脚尖呈"V"字形。站立时间长的话，可以把左脚或者右脚后撤一步。站立的时候，双脚不可叉开太大、随意乱动，否则会给人散漫、无礼的感觉。

坐姿包括入座和坐定的姿势。入座时要走到座位前，转身坐下，动作要轻稳。女士如果穿裙装，应把裙子向前拢一下。坐下后，上身保持直立，头部端正，目光平视交谈者。在正式场合，或者在长辈、尊者面前，不能坐满座位，一般只坐座位的三分之二。两手掌心向下，叠放在腿上。两腿自然弯曲，小腿与地面基本垂直。男士两膝松开的距离以一拳到两拳为宜，女士则不要松开。

除了要注重姿势、体态外，还要注重穿着打扮。在初次交往中，讲究衣着打扮的人能给人留下比较深刻的印象。从一个人的穿着打扮，可以看出一个人的审美水平、文化修养以及综合素质。大方得体的仪表可以展示自己的个性魅力。在穿着打扮上，要服从国际公认的"TPO"原则。

T（Time）指时间，得体的穿着要根据时间来决定。一个在三伏天还身着深色长袖衬衫的人，给人的第一印象不会太好。

P（Plaee）指地点、场合、位置，服饰打扮应与所处的场合相协调。

在婚礼、庆功宴、同学聚会等欢庆的场合，可以穿颜色亮丽的，比较喜庆的衣服。而在严肃、悲伤的场合，就要选择深色的、庄重的衣服。

O（Object）代表目的、目标、对象。针对不同的谈话对象，要选择不同风格的衣服。求职面试、上班、开会时，就要选择正规的职业装；和家人、朋友相约出游时，最好选择舒适的运动装。

具体说来，穿着打扮既要自然得体、协调大方，又要遵守某种约定俗成的规范或原则。谈话时，要注意举止优雅自然。行为举止是一个人性格、品质、情趣的外在表现。日常生活中，很多人不拘小节，把一些不文明的行为当作小事。不注重举止，往往会给人粗俗的印象，与人交谈时，举止要落落大方，文明有礼，这样才能使人乐意和你接近。

巧妙沟通八：
用幽默的智慧感染他人

　　说话要有幽默感，幽默的话人人爱听，幽默的人处处受欢迎。生活中如果少了幽默，就如同食物中少了盐一样，变得索然无味。幽默可以缓解压力、调节气氛、消除尴尬、取悦人心。幽默让语言更生动，更有魅力。优秀的口才家从不缺少幽默的智慧。

幽默是一种豁达的人生态度

人生不如意事十之八九，生活本身充满了坎坷和波折，如果没有宽广的胸怀和豁达的态度，就不能做到笑对人生。

具有幽默感的人，常常能够勇于面对现实，正视人性的弱点，并且具有坚定的信心和勇气。由痛苦到快乐，一定要具备某种超越精神。只有超越了现实，才能俯视现实，对待困难采取乐观的态度。只有用豁达的态度对待人生，才能做一个轻松、诙谐的幽默大师。

幽默扎根于生活，常常是痛苦和磨难的果实。

俄国著名寓言作家克雷洛夫生活穷困。他租了一间房子，房东非常吝啬苛刻，要他在房契上写明，一旦失火，烧了房子，他就要赔偿15000卢布。看到这个"不平等条约"，克雷洛夫不动声色地在15000后面加了两个零。房东高兴坏了："什么，150万卢布？""是啊！反正一样是赔不起。"克雷洛夫大笑。

面对无力改变的事实，面对不可逆转的悲剧，不妨用幽默的态度来对待。如果你暂时无力改变自己的遭遇，何不先试着改变一下对待遭遇的态度呢？人虽然不能永远一帆风顺、幸福美满，但是，可以永远保持积极乐观的人生态度。这不是逃避现实的阿Q精神，而恰恰是对不公正命运的反抗，对苦难的解脱。真正有幽默感的人，无一不是生活的强者。

法国伟大的批判现实主义作家巴尔扎克在他20余年的写作生涯中，写出了91部不朽的传世之作。虽然他是一个"多产"的作家，却常常手头拮据，过着穷困潦倒的日子。一天夜里，巴尔扎克正在睡觉。有一个小偷悄悄溜进了他的房间，在他的书桌上一阵乱摸。巴尔扎克被小偷的摸索声吵醒了，但是，他没有大喊大叫，而是悄悄爬起来，点亮了灯，平静地微笑着说："亲爱的先生，别翻了。我在大白天都不能在书桌上找到钱，现在已经天黑了，你就不用枉费精力啦。"

人总是有不完美的地方，要承认自己的"缺点"实在不是一件容易的事。如果对自己的不足之处能坦然接受，并且能够大度地幽默一把，这也许是豁达的最高境界吧。

有一次，林肯在森林里悠闲地漫步，遇到了一名正在砍柴的妇人。林肯首先打开话匣子："有时候，我觉得自己好像是一个丑陋的人。""你是我所见过的最丑陋的一个，"老妇人直言不讳，"但是，至少你可以做到待在家里不出门啊！"林肯打趣道："我没有两张脸，如果有的话，我绝对不会用现在这一张！"

英国作家杰斯塔东是个大胖子，由于"体积"过大，行动往往不太方便。但他对自己的体型从不在意，从不以胖为耻。有一次，他对朋友说："我是个比别人亲切三倍的男人。每当我在公共汽车上让座时，便足以让三位女士坐下。"

失败的滋味，很多人都品尝过。面对失败，很多人一蹶不振，选择放弃。这样消极悲观的人是不会拥有幽默的智慧的。爱迪生发明灯泡时，失败了上千次，但是他并没有气馁，而是说："不，我并没有失败，我已发现了 1200 种材料不适合做电灯丝。""塞翁失马，焉知非福。"任何一件事情都有两面性，关键是要用乐观的态度去寻找其中美好的一面。这样才能真正学会幽默。

在生活中，人们有可能会遭遇到不公正的待遇，如果我们学会幽默，就会在所谓的委屈之外发现令人无比快乐的东西。乐观地看待你的生活，幽默自然而生。

说话要有幽默感

幽默是口才中的智慧之光，一个人的学识、才华、灵感往往在幽默的语言中显现出来。幽默感是一种"善于捕捉笑料和诙谐想象的能力"。

幽默语言可以使我们内心的紧张和重压释放出来，可以有效地降低人与人之间的"摩擦系数"，化解冲突和矛盾，并能使我们从容地摆脱沟通中可能遇到的困境。在出现分歧的难堪场面时，幽默、诙谐便可成为有效的缓冲剂，使朋友、同事摆脱窘境或消除敌意。此外，幽默、诙谐的语言还可以用来含蓄地拒绝对方的要求，或进行一种善意的批评。幽默的话还可以有效地化解尴尬。

有一天，英国首相威尔逊在一个广场上举行公开演说。当时广场上聚集了数千人。突然从听众中扔来一个鸡蛋，正好打中他的脸。安全人员搜查后，发现扔鸡蛋者是个小孩。威尔逊得知之后，当众叫助手记录下小孩的名字、家里的电话与地址。台下听众猜想威尔逊是不是要处罚这个调皮的小孩子，于是开始骚乱起来。

这时威尔逊要求会场安静，并对大家说："方才那位小朋友用鸡蛋打我，这种行为是很不礼貌的。虽然他的行为不对，但是身为大英帝国的首相，我有责任为国家储备人才。那位小朋友从下面那么远的地方，能够将鸡蛋扔得这么准，证明他可能是一个很好的人才，所以我要将他的名字记下来，使其将来能成为我国的棒球选手，为国效力。"

威尔逊这一番幽默的话把听众逗乐了，让不愉快的事情随风而逝。而且还将坏事化为好事，帮助自己摆脱了尴尬的境地。

此外，幽默能够为人们带去信心、勇气，让人们在逆境、困境中更加坚强。

著名的挪威探险家图尔·赫伊叶尔达勒在为"野马号"挑选乘员时，就十分注意他们是否有足够的幽默感。他曾经这样写道："狂暴的寒风、低沉的乌云、弥漫的雨雪，与六个由于性格不同、主张不一的人组成的团体可能出现的威胁相比，只是较小的危险。我们六个人将乘坐木筏，在汹涌的洋面上漂流好几个月。在这种条件下，开开有益的玩笑，说几句幽默的话，对我们来说，其重要性绝不亚于救生圈。"

谈吐幽默的人往往极易打开交际局面，使气氛轻松、融洽，消除紧张气氛。

有一次，美国一位善辩人士在街上演讲，当他讲到社会的种种问题时，慷慨激昂地说道："为使这些老爷们清醒，我唯有把宫殿和众议院烧光。"他这一番激进的话引来很多围观者，几乎把街道挤得水泄不通。维持交通的警察向群众说："各位请散开吧，要烧宫殿的请到左边来，要烧众议院的请到右边来。"群众爆笑起来，自行散开了。

由此可见，幽默可以活跃气氛，还可以化解危机。正是因为幽默具有如此重要的作用，所以有些人认为说话必须要幽默，如果说话不够幽默，便不足以显示自己的聪明。他们为了幽默而幽默，他们往往不分场合，不看对象，滥用幽默。这样不恰当的幽默不但不能调节情绪，活跃气氛，还会导致更多的尴尬。所以一个真正懂得幽默的人，一定是在恰当的场合，针对合适的对象发挥他的幽默感。

幽默是生活中的调味剂

生活不能没有幽默，就像食物不能没有盐，鱼不能没有水，树木不能没有阳光。缺少了幽默，世界将变得索然无味；有了幽默，生活本身有时也会变得趣味横生，具有神奇的魅力。

幽默可以消除忧愁，使愁眉苦脸者笑逐颜开；幽默可以化解悲伤，使泪水盈眶者破涕为笑；幽默可以驱散疲劳，使疲惫不堪者充满活力；幽默可以打破孤寂，使寂寞无趣者充满欢乐。

生活中没有一个人不喜欢风趣幽默的语言，充满幽默感的人处处受欢迎。幽默的语言可以传递快乐，同样也可以使一些深刻的思想表达得更加生动和形象。很多聪明人懂得运用幽默讲述哲理，把道理融合在轻松的语言中。

汉武帝晚年一直做着长生不老的梦，很希望自己能长命百岁。

一天他与一个侍臣闲聊："相书上说，一个人鼻子下面的'人中'越长，寿命就越长。'人中'长一寸，能活100岁。不知是真是假？"

听到皇帝这一番话，站在旁边的东方朔脸上露出一丝讥讽的笑意。皇上见东方朔似有讥讽之意，感到很不悦，大喝道："你居然敢笑话我！"

东方朔毕恭毕敬地回答："我怎么敢笑话皇上呢？我是在笑彭祖的脸太难看了。"

汉武帝问："你为什么笑彭祖呢？"

东方朔说："据说彭祖活了800岁，如果真像皇上所说。'人中长一寸就活100岁，彭祖的'人中'就该有八寸长了，那么，他的脸岂不是太难看了吗？"

汉武帝听到东方朔这样说，不禁哈哈大笑起来。

东方朔用笑彭祖的办法来讽劝皇帝，以幽默的语言批驳了皇帝不切实际的想法。他的话机智含蓄、风趣诙谐，让皇帝由怒转喜，并且愉快地认输。

由此，我们可以看出幽默是一种能力，幽默是一种艺术。巧妙的运用幽默可以增进你与他人的关系，化解紧张气氛。

幽默不仅是博人一笑的技巧，更是可以在事业上助你一臂之力。

有一次，美国 329 家大公司的行政主管人员，参加了一项幽默意见调查。结果表明：97%的企业主管相信，幽默在企业界具有相当高的价值；60%的企业主管相信，幽默感决定着人的事业成功的程度。由此可见，幽默具有很高的价值，它已经从一项口才技能，升华到一种生活技能。具有幽默感和幽默力量，是现代人应具备的素质之一。

幽默是沟通中的润滑剂，运用幽默可以化解很多冲突。

诗人歌德有一次在公园散步，和曾经攻击过他的政客在一条小路上不期而遇。对方满怀敌意地说："对于一个傻子，我是从来不让路的。"歌德立即回答："而我则相反。"说完便马上让到路边去了。歌德幽默的回答有力反击了这位政客的傲慢无礼，充分显示了他的豁达大度。简单的五个字反映出了他的机敏和智慧，给狭路相逢的一对冤家免去了一场僵持不下的冲突。

莎士比亚说："幽默是智慧的闪现。"与幽默相联系的是智慧，智者是幽默的驾驭者，要善于使用幽默的技巧，就需要具有一定的智慧。反应迟钝、思维单一的人很难说出幽默的话。

想要使用幽默为你的口才锦上添花，就要积累广博的知识和深刻的社会经验，还要培养敏锐的洞察力和想象力以及高尚优雅的风度。此外，镇定自信、乐观轻松的情绪以及良好的文化素养也是不可或缺的。

幽默来源于生活

在我们的生活中，有很多喜闻乐见的幽默素材。只要用心对待生活，就能搜集到很多的资料，幽默大师都是生活中的有心人。

如果一个人对古今中外的奇闻逸事、天南地北的风土人情等各方面都有所了解，再加上有较强的驾驭语言的能力，那么他说话就容易生动、活泼和有趣。幽默不是矫揉造作，而是自然地流露。有人深有感触地说："我本来无心讲笑话，笑语自然就从口里出来了。"生活就是最大的资料库，对生活有了深入的认识和透彻的观察之后，就能轻松地做个幽默高手。

充满生活气息的幽默往往蕴含着深刻的哲理，以下几则生活中的幽默对话让大家在会心一笑的同时，会得到一些启迪。

第一则：

甲、乙二人在小区内散步。

甲：你知道为什么现代人那么喜欢养狗吗？

乙：当宠物吧。

甲：不是，他们是为了寻找良心。你没听人家常说，良心都让狗给吃了嘛。

第二则：

某证券交易所内，甲、乙二人在讨论买股票。

甲：要买就买××股！

乙：我觉得买这个太冒险了。

甲：冒什么险啊？一点险不冒才是最冒险的事。

第三则：

某点歌节目，一个小女孩为她妈妈点歌，她说妈妈很辛苦，周末也不休息，到书店买很多习题集让她做。

主持人：真是懂事的小朋友，请问你准备为妈妈点什么歌呢？

女孩：我想点辛晓琪的《女人何苦为难女人》。

主持人：……

第四则：

甲、乙二人在家上网。

甲：你一天到晚看那些无聊的人写的无聊的博客，有什么意思？能得到什么？

乙：能证明原来别人和我一样无聊……

第五则：

某商场内，真真和好友小英在购物。

真真：生活好累啊！我工作了四年，可薪水还没有刚毕业的表弟高，职位也比和我一起进公司的吴昊低，还有……

小英：生活之所以累，一半源于生存，另一半源自攀比。

第六则：

某中学自习课上，同学甲和同学乙正在窃窃私语，完全没有注意到悄悄进门的班主任。

同学甲：听说北京房价又涨了。

同学乙：是么？如果我买下世界上最大的未开发区，送到北京，能成为全国首富吗？

班主任：世界上最大的未开发区就在你的脖子上。

第七则：

期末考试结束，小明考得一塌糊涂。

爸爸：儿子，你怎么就不是神童呢？

小明：因为你不是神父啊！

第八则：

某中学物理课上，老师在讲解杠杆原理。

老师：给我一个支点，我可以撬起地球……

学生甲：给我一双脚，我可以踩住地球……

学生乙：给我一根网线，我可以搞乱地球……

学生丙：给我一个火箭，我可以远离地球……

第九则：

关于"礼仪"的讨论会上。

主持人：对于破坏规矩，没有礼貌的人，你有什么看法？

嘉宾：往井里吐痰的人，早晚有一天会喝到井里的水。

第十则：

某报告会刚刚结束，发言的人向听众寻求反馈。

发言者：你对我的报告有什么看法？

听众甲：很精彩。

发言者（兴致勃勃）：精彩在哪里？

听众甲：最后一句——"我的发言结束了！"

生活中的幽默不胜枚举，只要细心观察，会发现很多能博得你会心一笑，同时又带给你很多思索的事情。

幽默不是天生的，而是在观察生活、体味人生中培养出来的智慧。

常见的幽默方式

幽默体现了待人宽容、小事糊涂的语言沟通艺术，它能够缩短距离、放松心情，让别人获得精神上的愉悦。

一般来说，我们说话时采用的幽默方式有以下几种：

1. 顺水推舟式的幽默

当和别人交谈时，如果发现对方的错误，与其据理力争，不如"借力打力"，使用顺水推舟的方法巧妙获胜。

某日在课堂上，一位学生呼呼大睡。被老师叫醒后，他撒谎道："我到梦中拜访周公去了。"第二天，老师对此学生说："我也到梦中见周公去了。""周公对你说什么？"学生问道。"周公对我说，昨天他没见到你。"老师正是顺着学生的话题进行下去，巧妙批评了他在课堂上睡觉的行为。

2. 正话反说式的幽默

正话反说常常会产生出其不意的幽默效果，往往更能加深人们的印象。

在美国西海岸的一条公路的急转弯处，有一幅标语牌是这样写的："如果您的汽车会游泳的话，请照直开，不必刹车。"

本来是提醒人们刹车却反说成"不必刹车"，这样的警示别具一格，一定会让每一个驾车的人印象深刻。

有一则宣传戒烟的公益广告，完全没提到吸烟的害处，相反却列举了吸烟的四大好处：一省布料：吸烟者易患肺痨，导致驼背、身体萎缩，所以做衣服就不用那么多布料；二可防贼：抽烟者易患气管炎，常常通宵咳嗽，贼以为主人未睡，便不敢行窃；三可防蚊：浓烈的烟雾熏得蚊子避而远之；四永葆青春：不等年老便可去世。

这则广告巧妙地告诉了人们吸烟的危害。

3. 曲解式的幽默

所谓曲解，就是对对方所说的话故意进行荒诞的解释，以一种轻松、调侃的态度造成幽默的效果。

彼斯塔罗奇是一位著名的教育家，有一次，一位女士问他："你能否看出一个小孩儿长大后成为什么样的人？"这是个棘手的问题，如果说不能，未免无趣；如果说能，又有信口开河之嫌。他这样回答："能啊！如果是个小女孩，将来一定是个妇女；如果是个男孩子，将来准是个男人。"

有意曲解还包括"偷换概念"。将对方谈话中使用的概念借用过来，并赋予新的内容，也会产生幽默的效果。如：

一位妻子瞪着丈夫说："我一见你就来气。"丈夫却慢条斯理地回答："好啊，你可太厉害了，佩服，佩服。我练了一年气功还没气感，原来是你把我身上的气都吸到你身上去了。"丈夫巧妙的回答让妻子转怒为喜，她的"气"也就在笑声中消了。

4. 巧妙的解释式的幽默

林肯在学校读书时聪慧过人，有一次，老师想难住他，便问："我想考考你。你是愿意回答一道难题呢？还是两道容易的题目？""回答一道难题。""好吧，那么你说，蛋是怎么来的？""鸡生的。"林肯答道。"鸡又是哪里来的呢？""老师，这是第二个问题了。"林肯说。

机智的林肯巧妙地避开了"鸡生蛋，蛋生鸡"这个纠缠不清的问题。

英国著名女作家阿加莎·克里斯蒂嫁给了比她小13岁的考古学家马克斯·马温洛。别人不解：她为什么要和一个考古学家结婚。她幽默地说："对于任何女人来说，考古学家是最好的丈夫。因为，妻子越老他就越爱她。"

5.绵里藏针，外柔内刚式的幽默

这样的幽默方式尽管其外在形式是温和的，但这种温和之中蕴含着批判。英国首相丘吉尔是一位能言善辩、风趣幽默的政治家。

一次，一位女议员对丘吉尔说："如果我是你妻子的话，我会在咖啡里放毒药。"而丘吉尔答道："如果你是我的妻子，我会喝掉它。"

另有一次，在丘吉尔脱离保守党，加入自由党时，一位媚态十足的年轻妇人对他说："丘吉尔先生，你有两点我不喜欢。"

"哪两点？"

"你执行的新政策和你嘴上的胡须。"

"哎呀，真的，夫人。"丘吉尔不露声色，温文尔雅地回答道，"请不要在意，您没有机会接触到其中任何一点。"

丘吉尔巧妙地运用幽默的语言来摆脱尴尬的场面，让对方虽不免恼怒，却又不便发作，具有特殊的力量。

巧用修辞创造幽默语言

懂得风趣幽默的人，往往说上三言两语，就妙趣横生，不仅使人忍俊不禁，而且能使人领悟到其中蕴涵的智慧和哲理。恩格斯说："幽默是具有智慧、教养和道德上优越的表现。"列宁则认为，幽默是一种优美的、健康的品质。

想要成为口才高手，就要在语言上下工夫。修辞可以让语言更加生动、形象，还可以产生"话外之音，言外之意"的效果。巧妙地运用修辞，能够创造出幽默的效果。

1. 巧用借代

一对年轻夫妇到首饰店买戒指。妻子问售货员："请问这枚戒指多少钱？""3万美元，女士。"丈夫惊愕地吹了一个口哨，问道："旁边那个呢？""两个口哨的价格，先生。"

幽默的售货员巧妙地说出了戒指的价格，化解了顾客的抱怨。

2. 巧用拟人拟物

南唐时，课税繁重，民不聊生。恰逢京师大旱，烈祖问群臣道："外地都下了雨，为什么京城不下？"

大臣申渐高说："因为雨怕抽税，所以不敢入京城。"

烈祖听后大笑，并决定减轻赋税。

申渐高正是运用拟人的幽默手法含蓄地向烈祖进谏，表达了自己的想法。拟物的幽默语言也有异曲同工的效果。

主人请客吃饭，客人酒足饭饱之后，仍然不想告辞。主人忍不住了，指着外面的树说："最后一道菜这样安排：砍倒这棵树，抓住树上的鸟，然后现烤现吃，怎么样？"客人说："恐怕在砍倒树之前，鸟已经飞走了吧。""不会，这只鸟是一只笨鸟，不知道什么时候该飞走。"

3. 巧用谐音夸张

夸张意即言过其实，是日常生活中常见的一种修辞手法。幽默大师马克·吐温经常能用夸张的方式说出一些令人捧腹的话。

一个热爱写作的青年看到报道说，吃鱼能补脑子，就写信给马克·吐温："您是否也经常吃鱼？吃哪种鱼呢？"马克·吐温回信："看来你应该吃一对鲸鱼才行。"

马克·吐温有一次坐火车到一所大学讲课。火车开得很慢，他十分着急。当列车员过来查票时，马克·吐温递给他一张儿童票。这位列车员故意仔细打量了马克·吐温一番，说："真有意思，看不出您还是个孩子哩。"幽默大师回答："我现在已经不是孩子了，但我买火车票时还是孩子，火车开得实在太慢了。"

这里便是将火车缓慢的程度进行了无限制的夸张，产生了特殊的幽默效果。

4. 巧用双关

谐音双关是修辞中非常巧妙的手法，能起到让人拍案叫绝的幽默效果。

清朝的纪晓岚和和珅分别担任侍郎和尚书职位。有一次，两人同席，和珅见桌子下面有一条狗在啃骨头，就说："是狼（侍郎）是狗？"纪晓岚马上回答："垂尾是狼，上竖（尚书）是狗。"两人虽然都是在嘲讽对方，不过却含而不露，戏而不谑。

5. 巧用词义双关

有一则寓言说，猴子死了去见阎王，要求下辈子做人。阎王说，你既要做人，就得把全身的毛拔掉，说完就叫小鬼来拔毛。谁知只拔了一根毛，猴子就疼得哇哇大叫。阎王笑着说："你一毛不拔，怎么做人？"

6. 巧用仿拟

仿拟是套用现有的词、句、篇等语言形式来揭示所描述事物的内在矛盾，创造出新的意境。

苏轼有位姓刘的朋友，因晚年患病，鬓发、眉毛尽皆脱落，鼻梁也快要断了。一天，苏轼同许多朋友相聚饮酒，这位姓刘的朋友建议大家各引古人语相戏。苏轼对这位姓刘的朋友说："大风起兮眉飞扬，安得壮士兮守鼻梁。"满座大笑。苏轼正是仿拟了刘邦《大风歌》"大风起兮云飞扬，威加海内兮归故乡。安得猛士兮守四方"这几句诗创造了幽默的效果，

7. 巧用反射

反射是指"以牙还牙，以眼还眼"，以其人之道还治其人之身，现场套用对方的话语来戏谑、反驳对方。

小约翰放学回来，把成绩单交给爸爸。爸爸一看有两门功课不及格，就冲着约翰怒气冲冲地喊道："你知道吗？华盛顿像你这个年龄时是全校最优秀的学生。"

约翰不慌不忙地回答："你知道吗？爸爸，像你这个年龄时华盛顿已经是美国总统了！"

除此之外，常用的修辞手法还有很多，例如比喻、对比、反问、重复……语言技巧的掌握不是一朝一夕之事，需要"冬练三九，夏练三伏"，在平时多下工夫。

豁达自信，自我解嘲

自我解嘲是一门艺术。每个人都会有缺点、失误，以及出现尴尬的情况，这时如果遮遮掩掩，或极力辩解，往往会越描越黑。如果能自我解嘲一番，不但可以使自己摆脱别人的嘲笑，还可以显示自己的风度和机智。

借助自嘲往往能帮助你从尴尬的、不利的境地中体面地脱身。自嘲要求具备豁达、乐观、超脱的心态，同时，还要有足够的自信心。因为，只有足够自信的人才能拿自身的失误、不足甚至生理缺陷来"开涮"，对丑处、羞处不予遮掩，反而把它放大、夸张，最后巧妙地引申发挥、

自圆其说，博得众人一笑。

自我解嘲的第一妙处就是可以化解尴尬。

陈嘉谟是清朝乾隆年间的举人，他的门生众多，可以称得上是桃李满天下。陈老先生80多岁时，身体还是十分硬朗。一年新春，许多门生一道前来为恩师拜年，谁知老先生贪睡，门生们来时，他还没有起床。听说客人来了，老先生便匆匆忙忙穿衣上堂，同众门生寒暄叙礼。他刚一来到厅堂，就见众门生笑个不停。原来老先生慌忙之中，误穿了妻子的衣服。陈老先生便自我解嘲地说："我已经80多岁了，你师母也80岁了，今天我的作法正中了乡间的俗语：'二八乱穿衣'呀。"众门生听了之后，一笑了之。一句幽默的玩笑话化解了老先生的尴尬。

有个官员头秃得厉害，在他过60岁生日那天，有许多朋友来给他庆贺生日。妻子小声劝他戴顶帽子，他却大声说："我的夫人劝我今天戴顶帽子。可你们不知道光头秃头有多好，我是第一个知道下雨的人！"这句自嘲的话一下子使聚会的气氛变得轻松起来。他在别人还未对自己的缺陷进行评论时，就先发制人，用不乏幽默的自嘲话"自揭伤疤"，既解除了自己的尴尬，又让别人看到了他的坦诚。

在生死攸关的时刻，自我解嘲甚至可以巧妙地帮自己脱离危险境地：

一次中秋佳节，乾隆皇帝在御花园召集群臣赏月，他一时兴起提出要与纪晓岚对句集联，以增雅兴。乾隆帝先出上联"玉帝行兵，风刀雨剑云旗雷鼓天为阵"，吟毕，他得意地看着纪晓岚，看他如何出对。

纪晓岚沉思须臾，语出惊人："龙王设宴，日灯月烛山肴海酒地作盘。"

纪晓岚的下联对得不但工整，气魄也甚为宏大，水平已经超过了乾隆帝的上联。好胜的乾隆帝，怎能容得他超过自己的应对？只见乾隆帝听毕下联，脸上的得意之色消失殆尽。这时，只见纪晓岚灵机一动，巧舌如簧："主人贵为天子，故风雨雷电任凭驱策、傲视天下；微臣乃酒囊饭袋，故视日月山海都在筵席之中，不过肚大贪吃而已。"

听罢这一番幽默的自嘲，乾隆帝的怒色已经消去，得意之色再露，对纪晓岚笑曰："爱卿饭量虽好，如非学富五车之人，实不能有此大肚。"

自嘲可以说是幽默的最高境界，因为它最能体现出说话者豁达自信的心态，反映出他的机智和镇静。如果缺乏自信，自嘲就成了自贬。一次好的解嘲往往能够使人们转移注意力，从而使自己摆脱尴尬的处境，并且赢得别人的好感。所以，我们在与人沟通时，要学会在适当的时候幽自己一默。

幽默的原则要遵守

幽默不仅可以展现一个人的说话水平，更是一个人道德修养、综合素质的体现。幽默被誉为现代人为人处世的重要法宝之一。轻松幽默地开个得体的玩笑，可以松弛神经，活跃气氛，营造出适于交际的轻松愉快的氛围。

很多人都在想方设法使自己成为一个幽默的人、一个有情趣的人。但是，只有恰当的、文明的、适宜的幽默才受欢迎。玩笑开得不好，幽默过了头，则会适得其反，伤害感情。因此开玩笑要掌握好分寸，要遵循一定的原则。

原则之一：内容健康，格调高雅

健康、高雅的幽默语言不仅能带给别人启迪和精神享受，而且也可以为自己塑造美好的形象。

尤其在涉及感情问题的情况下，开玩笑更要注意语言的健康、高雅。一位小伙子向心仪的姑娘写了一封求爱信："我中箭了，是丘比特的金箭，祈求你同样中箭，并且是金箭。"神话传说中，被爱神丘比特同时射中金箭的一对男女能缔结良缘。小伙子通过神话，巧妙地向姑娘表达了自己的爱慕之情。

说话时，不可使用粗俗的话，更不可以拿别人的隐私、错误开玩笑。如果违反这样的原则，往往会让对方感到难堪、愤怒。

原则之二：幽默之中要蕴含智慧、哲理

充满智慧和哲理的幽默妙趣横生，使人思想乐观、心情愉快。

有一天，著名诗人海涅正在伏案创作。突然有人敲门，原来是仆人送来一件邮包。寄件人是海涅的朋友梅厄先生。由于被打断了思路，海涅感到很不高兴。他不耐烦地打开邮包，里面竟然包着层层的纸张，他撕了一层又一层，终于见到一张小小的纸条。小纸条上写着短短的几句话："亲爱的海涅，我健康而又快活！衷心地致以问候。你的梅厄。"尽管海涅刚才感到不耐烦，但是这个玩笑却逗得他十分快乐，疲倦感即刻消失。调整情绪后，海涅决定对他的朋友也开一个玩笑。几天后，梅厄先生收到了海涅的一个邮包。那邮包重得很，他无法把它拿回家；他不得不雇了一个脚夫帮他扛回家去。到家后，梅厄打开了这令人纳闷的邮包。他惊奇地发现里面是一块大石头。石头上有一张便条，上面写着："亲爱的梅厄！看了你的信，知道你又健康又快活，我心上的这块石头落地了。我把它寄给你，以永远纪念我对你的爱。"

原则之三：态度要友善、宽容

对人友善是做人的一个原则，也是幽默的一个标准。如果借幽默来达到对别人冷嘲热讽、发泄内心厌恶和不满的目的，那么这种玩笑就不能称为幽默。

友善的幽默能化解人与人之间的矛盾，填平人与人之间的鸿沟，是和他人建立良好关系的不可缺少的因素。特别是当一个人要表达内心的不满时，如果能使用幽默的语言，别人听起来会顺耳一些。

一位顾客到饭店吃饭，点了一只龙虾。结果菜上来后，他发现盘中的龙虾少了一只虾螯，于是就询问服务员。服务员无法解释，只好找来

了老板。

老板抱歉地说："真对不起先生，龙虾是一种残忍的动物。您点的龙虾可能是在和它的同伴打架时被咬掉了一只螯。"

顾客微笑着说："那么，就请给我调换一只打胜的龙虾吧。"

顾客用了幽默的方式，委婉地指出了对菜的不满。这种方式，没有取笑他人，没有批评他人，也没有伤及他人的自尊，既维护了老板的面子，又保护了自己的权益。

如果当别人不小心伤害到你时，你开个友善而大度的玩笑，就能缓和紧张的气氛。

有一天，英国著名的文学家萧伯纳在街上行走，被一个骑自行车的冒失鬼撞倒在地。幸好萧伯纳没有受伤，只是虚惊一场。骑车的人急忙扶起他，连连道歉，可是萧伯纳却惋惜地说："你的运气不佳，先生，你如果把我撞死了，你就可以名扬四海了！"

萧伯纳的这一句妙语，把他和肇事者双方从不愉快的、紧张的窘境中解放出来，使这场事故得到友好的处理。

原则之四：幽默要注意场合，把握分寸

滥用幽默会破坏气氛，影响你在大家心中的形象。正确的态度是把幽默看作味精——少则有味，多则恶心。

不分场合的幽默，结果只能适得其反。比如，老板正开会，正在台上向职员们发表讲话，你却在这个时候突然冒出一两句逗人的话。虽然大家被你的幽默逗乐了，然而老板会认为你是一个不守纪律、缺乏礼貌和修养的人。尤其是在严肃的政治场合，幽默的话更要谨慎，否则可能会造成严重的后果。

美国总统里根一次在国会开会前，为了试试麦克风是否好用，张口便道："先生们女士们请注意，五分钟之后，我们将对苏联进行轰炸。"一语既出，听众皆哗然。显然，里根在不恰当的场合和时间里，开了一个极为荒唐的玩笑。为此，前苏联政府对美国提出了强烈的抗议。

原则之五：幽默也要分清对象

我们身边的每个人，因为身份、性格和心情的不同，对幽默的承受能力也有差异。同样一个玩笑，能对甲开，不一定能对乙开；能对乙开，却不一定也能对甲开。一般来说，晚辈不宜同前辈开玩笑；下级不宜同上级开玩笑；男性不宜同女性开玩笑。在同辈人之间开玩笑，也要注意对方的情绪和性格特征。如果对方性格外向，能宽容忍耐，幽默稍微过大也无妨；若对方性格内向，喜欢琢磨言外之意，幽默就要慎重了。对方尽管平时生性开朗，但若恰好碰上不愉快或伤心之事，就不能随便与之幽默。相反，对方性格内向，但正好喜事临门，此时与他开个玩笑，幽默的氛围也会一下子突现出来。

"没有规矩不成方圆"，开玩笑时也要遵循一定的原则，不当的玩笑话可能会破坏气氛、伤人自尊，甚至会有更加严重的后果。只有在一定的原则之下，才能让幽默的语言更受欢迎。

巧妙沟通九：
用心倾听，无声胜有声

在日常工作生活中，人们往往把沟通等同于掌握读、写、说的技术。但我们却忽视了沟通的另一种重要技能，即倾听。事实上，我们在日常工作、生活中花费了近40%的时间用于倾听之上。

做一个善于倾听的人

在一项关于友情的调查中，调查的结果让调查者感到十分意外。调查结果显示，拥有最多朋友的是那些善于倾听的人，而不是能言善辩、引人注目的演说者。其实，这也没有什么不可思议的。生活中我们每个人其实都渴望表达自己。聪明的聆听者能够让说话者有充分的表达的机会，自然就更容易获得别人的好感。

有这样一位经理，他心存好意，请刘某到小吃店去喝酒，想要劝服刘某留下来，可是却没有收到效果。因为在会谈时，喝酒的目的是要使对方的心情放松，然后再引出他心中的话。可是经理一开始就在说教，自己这么严肃，让对方连说话的机会都没有，结果只能与自己所想背道而驰。

一方面，每一个人都喜欢叙述有关自己的事，都想美化自己，也都想让对方相信自己的叙述；另一方面，每一个人又想探知别人的秘密，并且都想及早转告别人。这种现象，也许可以说是人的本性。

所以，从某种意义上讲，会听话比会说话更为重要。聆听越多，你就会变得越聪明，就会被更多的人喜爱，就会拥有更好的谈话伙伴。一个好听众总能比一个擅讲者赢得更多的好感。当然，成为一名好的听众，并非一件容易的事，首先，要注视说话人。对方如果值得你聆听，便应值得你注视。其次，靠近说话者，专心致志地听，让人感觉到你不愿漏掉任何一个字。再次，要学会提问，使说话者知道你在认真地听。可以说，提问题是一种较高形式的奉承。我们都经历过这样的场面吧：上学的时候，如果老师在上面做完演讲，听众没有一个问题，场面是多么的尴尬。另外，记住不可打断说话者的话题。无论你多么渴望一个新的话题，也不要打断说话者的话题，直到他自己结束为止。最后，还要做到"忘我"。你始终要明白，你是个"倾听者"，不要使用诸如"我""我的"等字眼。你这么说了，就意味着你不得不放弃聆听的机会，注意力已经从谈话者那里转移到了你这里，至少，你要开始"交谈"了。

掌握倾听的方法

让讲话人说下去。我们有两只耳朵，而嘴只有一张，所以应多听少说。要求自己静心听，让讲话者把话讲完，而不要打断他。不要主观臆断讲话人接下去将说些什么，也不要总想着自己接下去该说什么。此时你的任务有两项：

第一，不要先入为主。

你的价值观念、信仰、理解方法、期望和推测都会导致先入为主而成为妨碍你倾听对方讲话的"有色眼镜"。如果你的头脑中冒出这样的念头："他怎么又说了一遍！"或"你还能指望他说些什么？"那说明你已经戴上了了"有色眼镜"。此时，你应该考虑如何运用讲话人所提供的信息。讲话人的表达缺乏条理，所用言辞以及性别、文化差异等都可能增加你聆听时的难度。他的非语言信号和语调也会成为影响交流的潜在因素。即使如此，你也要继续听下去，并尽量控制住自己的反应。此时，你的主要任务是领会谈话人的观点。

第二，偶尔的提问。

澄清问题的方法有：

"我可能没有听懂，你能否再讲具体一点？"

"还有哪些方面需要考虑的呢？"

"你能详细说明一下你刚才所讲的是什么意思吗？"

请注意，这些问题都是为了要求对方提供信息而问的，而不是对谈话人所讲的内容进行评论或评价。

讲话者总希望和你交流，希望被人理解。你不妨改变说法，重复一遍你没有听得太清楚的词句，以证实自己的理解是否正确。如果给自己多留一些对听到的信息进行"消化"的时间，就能慢慢地适应讲话人的讲话方式，这样就会理解得更多一些。

第三，及时给予反馈

积极聆听的最后一个环节是用自己的语言复述对讲话人所表达的思想与感情的理解。给讲话人以反馈，从而完成聆听的全过程，并告诉他其信息已被听到并理解了。

反馈的方式有三种：

①逐字逐句地重复讲话人的话

甲：昨天晚上计算机坏了。

乙：哦，计算机昨天晚上坏了！

②重复讲话人的话，只是把"我"改成"你"

甲：我正在另找一份工作。

乙：你正在另找一份工作。

③用自己的语言解释讲话人的意思

甲：我不喜欢我的老板，再说，那个工作也很烦人。

乙：你对你的工作不太满意。

我们也可以以确定性的语言提问或陈述自己对信息的理解和判断，并对以后可能出现的情况作出预测。

有时无声胜有声

有经验的推销员大都懂得"善于倾听"的秘诀。一般商场里有经验的职员在处理投诉时，都会默默无语地倾听顾客的满腹牢骚。在这种时候，顾客会把你的沉默理解为：你尊重我，你认为我的投诉是正确的，这样等顾客把不满倾泻之后，他的火气也就消了，那么问题也就迎刃而解了。

不会倾听的人是不懂得激励别人的。倾听别人的谈话是日常交往中最为常见的激励方法，但倾听并不是静听，而是积极地把自己投入到角色中，在听的同时去激发说话者的热情。比如点点头，眨眨眼睛的动作，对于说者来说，都是莫大的鼓励。如果听者不会及时地给予说者以恰当的回馈，那么纵使你听的时间再长，也不会被当作知音。说话的人宁愿去对牛弹琴，也不愿面对着这样一个"莫测高深"的人。

要想成为一名合格的听者，必须达到心神合一的境界，光用耳朵是远远不够的。当你全身心地投入，满足了说者自我表现的欲望，那你就达到了无声激励的目的。每个人都是一个独特的世界，都是一道美丽的风景，只是被深深地掩藏在心灵的帷幕之后。当一个人把他成功的喜悦，失败的痛苦，人生的惆怅表白给你的时候，你用你的倾听将阳光播撒于他的世界，给予他的是对他失败的同情，成功的激励和生命能量的激发。

兼听则明，偏听则暗

世界上只有狂妄的人或者是愚蠢的人，才会认为自己无所不知、无所不晓、无所不能。一个人的能力总是有限的，认识、了解一个人必须通过各种渠道去收集有关的信息。听是接受的前提，各种各样的信息都得听，这样才能给我们的激励对象做出合乎实际的、恰当的评价。

"兼听则明，偏听则暗"，是唐朝名臣魏徵的名言。本是用来形容封建帝王集思广益，听取各种意见，才能辨别是非曲直，治理好国家。但是，在我们激励别人的时候，同样应该采取"兼听"的态度，"偏听"是不可能对一个人做出合理的激励的。

"兼听"才能明断。

尽管有很多人舌绽莲花，善于言辞，常用精美的包装掩藏虚假的实质，给听者一种逼真的假象，但只要我们采取"兼听"的态度，便能看清其庐山真面目。

"兼听"除了能让我们揭穿虚假激励，也能让我们识破小人的谗言，给当事者以应得的激励。

据说魏王派乐羊带兵攻打中山国，竟然久攻不下。平时跟乐羊有嫌之人乘机大进谗言，说攻无不克、战无不胜的乐大将军必有异心，因为中山国有他的儿子作人质，他很有可能会率军投降中山国。一年之后，乐羊灭了中山，班师回朝。论功行赏时，魏王给了乐羊一只精美的大箱子。乐羊还以为是金银珠宝，待回家打开一看，才发现竟是一箱大臣们诋毁攻击他的奏章。

在这个例子中，魏王如果"偏听"一班朝臣的谗言，降罪于乐羊，就有可能酿成大错。可贵的是他在听了谗言的同时，也听了为乐羊辩护之言，两相参照，做出了明断。那一箱奏章，可以说是他给乐羊的最高奖赏。

用心才能听得见

在不同的时间与情况下人类常以不同的方式去听一切声音。有些场合，我们听得很专心，有些场合，我们却心不在焉。例如，有些人在公司能够很专心地听上司或老板的讲话，但回到家里，却对家人的话充耳不闻。

有效倾听的缺乏往往导致错失良机，产生误解、冲突和拙劣的决策，或者因问题没有及时发现而导致危机。有效的倾听是可以通过学习而获得的技巧。认识自己的倾听行为将有助于你成为一名高效率的倾听者。按照影响倾听效率的行为特征，倾听可以分为三个层次。一个人从第一层次到第三层次的过程，就是其沟通能力、交流效率不断提高的过程。

第一层次：在这个层次上，听者完全没有注意说话人所说的话，假装在听其实却在考虑其他毫无关联的事情，或内心想着辩驳，他更感兴趣的不是听，而是说。这一层次包括三种方式：1.表面的听，知道眼前有人在说话，但却只是关心自己心里正在想的事情；2.半听半不听，为了要找寻自己发言的机会，所以不得不偶尔听一下人家在讲什么；3.安静而消极的听，听是听了，但没有反应，没有几句真的被听进去。这一层次的倾听者可能眼睛瞪着说话的人，但他可能更在乎的是自己的心情而对别人的话并不在意。这种层次上的倾听，导致的是关系的破裂、冲突的出现和拙劣决策的制定。

第二层次：在这一层次下，人们只能作肤浅的沟通，听到讲话者的声音也听到他的话了，但听得还不够深刻，没有理解其真正的含义。听者主要倾听所说的字词和内容，但很多时候还是错过了讲话者通过语调、身体姿势、手势、脸部表情和眼神所表达的意思。这将导致误解、错误的举动、时间的浪费和对消极情感的忽略。这一层次的人表面上看起来却是在听，有时也会通过点头同意来表示正在倾听，好像是理解了，而实际上并非如此。于是，彼此之间的误会很容易在不知不觉中发生。

第三层次：这一层次的人专心而有效地倾听，表现出一个优秀倾听者的特征。这种人带着理解和尊重倾听，把自己放在讲话者的立场，试图以讲话者的观点去看待事情。这种倾听者清楚自己个人的喜好，避免对说话者作出武断的评价；避免用过于激烈的言语，能掌控自我情绪，不受负面的影响；不急于作出判断，而是感同身受对方的情感；询问而不辩解，设身处地看待人和事物。

在说话者的信息中寻找感兴趣的部分，他们认为这是获取新的有用信息的契机。高效率的倾听者清楚自己的个人喜好和态度，能够更好地避免对说话者作出武断的评价或是受过激言语的影响。不让自己分心，不断章取义，不忽视言辞以外的信息(如讲话者的身体动作等)，好的倾听者能够设身处地看待事物，通过询问而不是辩解的方式与对方交流。

倾听对管理人员至关重要。当一个员工明白自己谈话的对象是一个倾听者而不是一个等着作出判断的管理人员时，他们会不隐瞒地给出建议，分享情感。这样，管理人员和员工之间能创造性地解决问题，而不是互相推诿、指责。

大概80％的人只能做到层次一和层次二的倾听，在层次三上的倾听只有20％的人能做到。如何实现高层次的倾听呢？以下几点可供借鉴：

1.以一种关心的态度，让说话者试探你的意见和情感，同时感受到你是以一种非裁决的、非评判的姿态出现。不要立即问一大堆的问题。

2. 带着理解和相互尊重进行倾听。

3. 透过非语言行为，如眼睛接触、某个放松的姿势、某种友好的脸部表情和宜人的语调，可建立积极和谐的氛围。轻松、专注的表现，可使对方感到安全和被看重。

4. 表现得像面镜子：回馈你认为对方当时正在考虑的内容；总结说话者的内容以确认你完全理解他所说的话，如"我想你刚才是要告诉我……"

5. 避免先入为主，过早下结论。以个人态度投入问题时，往往导致愤怒和受伤的情感。

6. 用简单的语句认同对方的陈述，例如"嗯""噢""我明白""是的"或"有意思"等；还有"说来听听""我们讨论讨论""我想听听你的想法"或者"我对你说的话很感兴趣"等，鼓励说话者谈论更详尽的内容。

7. 细心观察他（她）的声调和肢体语言。

获得进步的第一步是倾听。倾听是一种领导者的交流手段，为了提高倾听效率，领导者要有意识地锻炼自己的听话能力与听话技巧。以下一些效果可作为倾听效率是否提高的指标：

①能解释谈话人的面部表情。

②能理解谈话人用词的意图。

③能理解弦外之音。

④能对谈话的内容进行全面评估，而不在乎他具体谈些什么。

⑤能明确谈话人提出的假设。

⑥能把谈话人的观点和事实分开。

⑦能用自己的语言准确重述谈话人的想法。

⑧能判断出信息来源的可靠性，谈话人的真正想法、问题所在、

谈话目的。

当然，要做到以上几点不是一件容易的事，有许多人在听完对方的长篇大论、口沫横飞的表达之后，还是一头雾水地频频追问："你到底说了些什么？"这是因为我们中大多数人没有或很少受到听话的训练，缺乏听话所应该具有的理解技巧——用心倾听。

用心倾听要求你把注意力集中于说话人的身上，要心无二用。听别人讲话最忌讳"左耳进，右耳出"，别人的讲话在自己的心中没有留下任何痕迹。

1. 阻止分心

注意力分散是有效倾听的最大障碍之一，在倾听时使人分心的因素很多，一定的生理疲劳使我们感到厌倦，而其他的新异刺激也将我们的注意力转移到其他人或事上。除了周围的噪音，演讲者的口音和方言也可能让你分心，不感兴趣的主题或组织得不好的演讲，也可能很快让你失去热情而分散注意力到其他事情上。但是，好的倾听者，常常保持着良好的弹性，他们会排除干扰，并努力倾听说话者信息中的要点。具体做法是：

①做做深呼吸。

②寻找有趣的方面。

③注意参与的姿势。

④保持距离。

⑤保持目光交流。目随耳移，这是自然的现象，对于你在用眼睛去看的东西，你也差不多会用耳朵去听。

2. 在主题里制造兴趣

在演讲或会议的开始，当听到主题时，先在心里思考一下所有你想知道的有关该主题的问题。在倾听时持以开放的心胸和积极的态度，你会发现你很容易跟随演讲者的节奏。在整个倾听过程中，即使你对他所说的话感到失望，也要努力试着倾听正面的及有趣的信息。拉尔夫·尼科尔斯这样建议："他所言，有什么我可以利用？他的哪些观念有价值？他正在报告什么方法？我能派上用场吗？我能运用这些信息并让我快乐吗？"向自己提出这些问题能够帮助我们整合个人价值观，以便更好地倾听。记住："没有无趣的主题，只有无趣的人。"

3. 关注内容

希腊有句谚语：我们在路上遇到的每一个人，都有我们不知道的知识。"听"是一种容易获得新信息的活动，你能听得越投入而不加评判，那么你的沟通能力就会越好。

人们常说，不要根据封面来评论一本书。同样，当我们听别人讲话时，也不要受自己对说话者的评价而忽略其表达的内容。

在听话过程中，我们要以开阔的胸怀去自由地倾听，要关注讲话者的内容而不要评价讲话者。

学与听是并驾齐驱的。学习的动力增强你更好地去听的欲望。如果你对讲话者厌烦了或对他不置可否，那么你就不会全神贯注地去听。这样只会导致你学不到任何东西。增强倾听效果的一个很好的方法是对自己重复说"教教我"。除此以外，我们还可以选择以下三个策略：

①不要详述你是同意还是不同意。

②对你不熟悉的题目要特别注意。

③把你获得的新信息与你已有的旧知识有机结合起来，当你从他人那里得到知识时，要把新的与已熟悉的联系起来。

4. 捕捉要点

尽管一般情况下，人们的说话和谈论并不都是金玉良言，而是有许多平常的、芜杂的甚至是多余的东西。但对处处留心的人来说，往往能在用心倾听别人谈话的过程中，获得某种宝贵的知识和信息，从而触发自己的思考，迸发灵感的火花。

人们在听时是否能及时、有效地捕捉到有用的信息，这也是听话的基本目的之一。说话人常常会把话语的意思隐含在一段话里。前面的话，往往是引子，是提示；当中一段话，有时是要点，有时是解释；后面一段话，也许是结论，也许是对主要意思的强调或引申。

我们在听话过程中，要善于从说话人的言语及语言的层次中捕捉要点与信息。一般，说话人在强调某些重点语句时，常采用一些方法，比如：故意放慢语速、突然停顿、提高声调或故意降低声调以及手势等加以提示，这样我们可以从说话人的语气、手势变化来捕捉信息。

从聆听中可以获得信息，因而不会倾听的领导者会使提供信息的下属感到扫兴，他们就不再向领导者提供可能影响工作的重要信息。因此，领导者是否能有效地聆听，将会影响这个单位的各方面的工作。一旦领导者掌握了这些聆听技术后，就会发现听别人谈话是有趣而令人兴奋的。

好的听众拥有广阔的市场。

适时巧妙地提出问题

在倾听过程中，恰当地提出问题，往往有助于我们的相互沟通。我们的沟通目的是为获得信息，是为了知道彼此在想什么，要做什么，通过提问的内容可获得信息，同时也从对方回答的内容、方式、态度、情绪等其他方面获得信息。下面是有关提问的一些问题。

第一，倾听中的提问应注意的事项：

①数量要少而精，太多的问题会打断讲话的思路和情绪，改变谈

话的主题。但恰当的提问往往有助于双方的交流。因此，掌握提问的时机和度是至关重要的。

②要紧紧围绕谈话内容，不应漫无边际提一些随意而不相关的问题。否则很容易分散谈话者的注意力，导致交流的中断。

第二，提问应掌握的一些必要的技巧

倾听中的提问不是随便的，注意和掌握必要的技巧会使你的提问事半功倍。

①理解。作为管理者，设身处地地理解别人，是必备素质之一，以理解的态度交谈，就能认真倾听，就能诚恳而准确地提出一些双方都能接受的问题，从而更有利于双方的沟通。

②时机。倾听中提问的时机十分重要，交谈中遇到某种问题未能理解，应在双方充分表达的基础上再提出问题。过早提问会打断对方的思路，而且显得十分不礼貌；过晚提问会被认为精神不集中或未能理解，也会产生误解。

③提问内容。提问就是为了获得某种信息，要在倾听者对总目标的控制掌握下，把讲话人的讲话引入自己需要的信息范围。

④注意提问的速度。提问时话说得太急，容易使对方感到咄咄逼人，引起负效应；说得太慢，对方心里着急，不耐烦。

第三，提问的分类

美国沟通专家把提问分为两种方式：一种为开放式提问方式，回答这种提问，不能用简单的"是"或"不是"来回答，回答结果一般无法预料，例如：

甲："我对公司本月销售额很不满意！"

乙："为什么？"

另一种为闭合式提问方式，经常提问是否、是谁、什么时候等问题，其结果往往可控制，与预期结果相近。

倾听中，两种方式是相互运用的。其作用各有千秋，开放式提问气氛缓和，可自由应答，可以作为谈话中的调节手段，松弛一下神经，另外，可用开放式问题作为正式谈话的准备，如"最近怎样？"然后很快开始实质问题的交谈。比较来说，闭合式的提问使用机会更多，其优点是可以控制谈话及辩论的方向，同时可以引导和掌握对方的思路。但运用不当会使人为难，气氛容易紧张。两种方式应综合运用，以求得最佳效果。使用何种提问方式要因地因时制宜，这也需要很高的艺术和技巧。

必要的时候保持沉默

沉默就像乐谱上的休止符，运用得当，含义无穷，真正达到以无胜有之效。但一定要运用得体，不可不分场合，故作高深而滥用沉默。而且，沉默一定要与语言相辅相成，不能截然分开。沉默决不意味着严肃和冷漠。只有在倾听当中适时、恰当地运用沉默，才可获得最佳的效果。

在倾听当中适时地运用沉默，可获得如下效果：

①沉默能松弛彼此紧张的情绪。若对方情绪化地说了些刻薄之词，事后往往会内疚、自省，但若你当场质问或反驳了，犹如火上浇油。这时若利用沉默战术，有利于平复双方情绪，也给对方自省的时间，继而改变态度，甚至聆听我们的话。

②沉默能促进思考。适时创造沉默的空间，有利于引导对方反思或进一步思考，在对方说谎时，此举尤其能引起他恐慌，促使他改变态度。此外，沉默片刻能给双方真正思考的时间和心灵沟通的机会。

③沉默可控制自我情绪。在自己心生怒火的时候，开口极容易失言，影响谈话气氛和自身形象，保持沉默可渐渐克制自己激动的情绪，保持自己的良好形象。

巧妙沟通十：
学会巧妙地赞美他人

　　赞美对于任何人来说都是非常重要的，因此，当我们与他人打交道的时候适当地赞美对方，可以使对方感受到尊重和自信，可以增进沟通双方的感情。

赞美他人是一种美德

每个人都有自己的优点和成绩，都希望获得别人的肯定与赞美。有些优点和长处往往是与生俱来的，比如某人长得漂亮，智商很高，等等。因此，对于别人优点与长处的肯定不仅不会贬低自己，而且还可以使旁人从中认识到你所具备的优良品质，从而获得他人的称赞。

战国时期，公子纠与公子小白争夺王位，鲍叔牙辅佐公子小白，而管仲则为公子纠出谋划策，最终公子小白当上了齐国国君。小白想拜鲍叔牙为相，鲍叔牙却说："公子如果想统治齐国，任我为相就足够了，而公子如果想一统天下，则非拜管仲为相不可。"最终，由于小白任用管仲而成为一代霸主。鲍叔牙虽然不及管仲有才华，但却能坦然地欣赏管仲的优点和长处，并大力举荐，从而赢得了天下人的称赞，并借此得以留名青史。

面对他人的成绩，我们首应该懂得，成绩是他人勤劳加汗水所获得的，我们应该坦然地欣赏他人的劳动成果，并予以肯定。与此同时，检讨自己，虚心请教，学习他人勤奋向上的精神。虚心接受别人向你传授的学习与工作的要领，不仅是对他人成绩的一种高度赞扬，而且也可以督促自己继续提高。既有利于你技术水平的提高，也有利于你处世水平的提高。这岂不是一箭双雕的事情，你又何乐而不为呢？

要坦然地欣赏别人的优点和成绩，还需要相当的自信和勇气。日常生活中，我们经常遇到别人比自己强的情形，而赞美之词却怎么也说不出口，主要是因为缺乏自信心，觉得自己不如对方，于是心理失衡，没有勇气为对方喝彩。要么觉得"不好意思"；要么认为自己与之相比，结果昭然自明，不用多此一举；要么觉得自己人微言轻，赞美的话说也不会引起重视，还害怕会引起非议，被人误解为是溜须拍马。结果，不仅失去了一次坦然欣赏别人优点与长处的机会，也失掉了一次抛弃自卑与胆怯心理的机会。

众所周知，迈克尔·乔丹是一位世界级篮球精英，但他却对别人说队友皮彭在投三分球方面比他更有天赋，还说皮彭扣篮方面也比自己胜出一筹。皮彭是最有希望超越乔丹的新秀，而乔丹则处处对其加以赞美。一方面，反映了他挑战自我的勇气，另一方面也是乔丹自信心的体现。因此在生活中，如果棋逢对手，不妨采取"吴越同舟"的策略，同对手友好相处，对其优点成绩大大方方地表示祝贺，送上一束含泪的鲜花。另一方面，自己就要奋力追赶。

学会赞美是事业成功的阶梯

根据美国《幸福》杂志下属的名人研究会的研究结果表明：人际关系的顺畅是事业成功最关键的因素，而赞美别人是处世交际最关键的课程。因此如果你懂得如何去赞美别人，再加上你聪明的脑袋，还有脚踏实地的精神，就等于事业成功了一半。从很大意义上讲，学会赞美他人是事业成功的阶梯。

真诚地、发自内心的赞美可以搞好你的人际关系，使你在事业的道路上畅通无阻。赞美从一定意义上讲，是一种有效的感情投资，当然，有付出就会有回报。对于领导的赞美，能使领导心情愉悦，对你越发重视；对于同事的赞美，能够联络感情，增强团队精神，在合作中更加愉快；对于下属的赞美，能使你赢得下属的敬重，激发下属的工作热情和创造精神，从而更好地协助自己在事业上的发展；对自己生意伙伴的赞美则会赢得更多的合作机会，从而获取更多的利润。如果你是一个商人，学会赞美你的顾客，则会拥有更多的顾客回头率。一位精明的售衣商往往会说："太太真是好眼光，这是我们这里最新潮的款式，穿在太太身上，太太一定会更加漂亮。"几句话，这位太太肯定眉开眼笑，马上开包拿钱。美国的商界奇才鲍罗齐就曾说过："赞美你的顾客比赞美你的商品更重要，因为让你的顾客高兴你就成功了一半。"

最能让人接受的说话方式

赞美对于你的家人、朋友同样重要，俗话说："家和万事兴。"家庭和睦，则万事兴旺。作为父母，适当地赞美自己的孩子，可以使孩子更具有自尊心和自信心，可以沟通家长与孩子的感情。另外，朋友之间适当的赞美也是必不可少的，朋友对于我们每一个人都是非常重要的，佚名说："没有朋友的生活等于死亡。"而朋友之间相互赞美是朋友产生的前提之一，因为既然成为朋友，就一定有双方相互欣赏的一面。

学会真诚的赞美才能符合时代的要求，同时它也是衡量现代人素质的一个标准，也是衡量一个人交际水平的标准。学会真诚地赞美是性情休养的需要，有助于使自己达到更高的人生境界。同时，赞美别人既是压力又是动力，因为压力而产生动力。因为你赞美别人就意味着你肯定了他人的优点与成绩，相对应的是，你逐渐意识到自己的缺点与不足，人只有不断地发现自己的缺点与不足，才能更好地完善自己，取得更大的进步。如某一个班上有两个同学同名同姓，其中一个成绩特别好，而另一个同学则成绩平平，一天，成绩一般的那个同学对成绩好的那个同学说："我俩姓名一个样儿，而你的成绩却每次都高我一大截，我真是打心眼儿里佩服你。"不过，后来这个成绩一般的同学变压力为动力，最终也考上了一所重点大学。

学会赞美别人，可以给你带来远见卓识，可以让你拥有宽广的胸怀，这些是一个人走向成功必备的性格和修养。学会赞美别人，可以使你获得真挚的友情，可以有很好的人际关系。俗话说，朋友多了路好走，此路不通还可以走彼路。赞美别人还可以使自己产生压力感和紧迫感，从而成为进步的动力。如果你学会了赞美别人，你就拥有了开启成功之门的钥匙。美国第 40 任总统里根，出生于美国的平民家庭，先后从事过多项职业，20 世纪 60 年代中期开始弃商从政，1980年当选为美国总统，被认为是美国历史上最杰出的总统之一。里根在78 岁生日时对记者说："在我 14 岁的时候，我的母亲对我说，千万别忘了发现别人的长处，多说别人的好话。从此以后，我牢记这句话，甚至在梦里也不忘赞美别人。可以说是我的母亲塑造了我的一生。"里根总统的话再次证明了一点：学会赞美他人是你成功的阶梯。

赞美的话要因对象而异

赞美的话要因人而异，必须考虑几点因素：

听者的文化知识水平。文化知识水平不同，对说话的接受能力是不同的。比如要表述对社会嫉贤妒能现象的认识，听者为知识分子，可说"木秀于林，风必摧之；堆高于岸，流必湍之；行高于众，人必非之。"但这话就不能再照搬讲给文化水平不高的听众，而可以说"枪打出头鸟""出头的椽子先烂"这样的俗语，对方会更容易接受，讲话才会有效果，激励人同样如此。

听者的个性性格。对方性格外向，透明度高，可以多赞美他，他会很自然接受；如果对方比较内向、敏感、较严肃，你过多地赞美他，会使其认为你很轻浮、浅薄。因此，在赞扬对方时要注意这一点。

听者的心理特点和情感需求。交谈双方各有欲望，要迎合对方的需求讲赞美的话。一个不喜欢淑女型、个性鲜明、男孩子气十足的女子，你如果夸她长发披肩、长裙摇曳，定会婀娜多姿，美丽迷人，她也许不会感激你，还有可能骂你多管闲事。如果了解她的心理，夸她短发看起来又精神又有活力，她一定会开心。

19世纪的维也纳，上层妇女喜欢戴一种筒高檐宽的帽子。她们进剧院看戏，仍然戴着帽子，挡住了后排人的视线，对剧院要求女客脱帽的规定她们不予理睬。剧院经理一日灵机一动，在台上说："女士们请注意，本剧院要求观众一般都要脱帽看戏，但是，年老一些的女士——请听清楚——年老一些的女士，可以不必脱帽。"此话一出，全场的女性全部自觉把帽子脱了下来：谁愿意承认自己年纪老呀！

这位聪明的经理正是利用了妇女们爱美爱年轻的心理特点和感情需求，使原先头痛的问题迎刃而解。

听者的性别特征。与不同性别的人讲话，应选择不同的方式。对体胖的女子，你说她又矮又胖，一定会令她反感；但你夸她一点不胖，只是丰满，她会得到几分心理安慰，不会因为自己胖而自卑。而对同样体型的男子，你说他矮胖子，他也许只是置之一笑。

听者的年龄特征。你若想打听对方的年龄，不同年龄要采取不同问法。对小孩子可以直接问："今年几岁了？"对老年人则要说："今年高寿？"对年龄相近的异性不可直接问，要试探着说："你好像没我大？"对年纪稍大的女性，年龄更是个"雷区"，问得不好讨人厌。一个40岁的中年女子，你开口道"快50了吧"，对方一定气愤不已，你小心地问"30出头了吧"，她一定会心花怒放，笑逐颜开。

听者的心境特征。俗话说：入门休问枯荣事，观看容颜便得知。在赞美别人时，要学会察言观色。一个为事业废寝忘食的年轻人，便可以称他"以事业为重，有上进心"；一个为了债务焦头烂额，心绪不宁的企业家，你夸他"事业有成，春风得意"，对方也许会认为你是在讲"风凉话"，这种话便会起到适得其反的效果。

除了以上因素，还要考虑不同职业、不同宗教信仰等因素。列宁说："对马车夫讲话应该不同于水手，对水手应该不同于对排字工讲话。"陈毅某次出访东南亚，一宗教界人士送他一尊菩萨，他见机谢道："有了菩萨保佑，我更不怕帝国主义了。"这里陈毅借用宗教术语，显示了对宗教的尊重，对宗教界人士的谢意，有深意而不乏风趣幽默。

一拍即合，赞美开路

有人认为，人，不过是组成历史的符号而已，同时在每个人发展成长的历史中，又充满着历史的记录。其中不乏自己引以为豪、刻骨铭心的事情。对于这些事情，每个人都希望得到别人的首肯，如果可以得到其较高的评价和赞美，更是让人产生弗洛伊德所说的那种"重要人物的感觉"，以此为荣。

了解他人所引以为荣的事其实很简单。如果是经常来往接触的人，他的言谈中常常会流露出一些线索，"兄弟在国外的时候……""想当年我年轻时……""我参加对越自卫反击战那年……"所以，一个人真正引以为荣的事情是常常挂在嘴边的。

对于陌生人，则可以通过其职业、所处环境、年龄及历史年代大致判断其引以为荣的事情范围。一位将军引以为骄傲的资本往往是他取得的赫赫战功，或者是某次著名战役给他身上留下的一个枪眼。一个历史教授则必然对自己发表的论文和专著引以为荣，如果我们想对历史教授尽一点赞美之意，不妨说："教授先生，你的学术论文和专著（最好说出其名称）在历史学界颇有影响力，久仰大名。"律师则会以自己办的影响较大的案子而得意，碰到律师你可以说："能做律师的人不简单，你办的好几个案子都非常出色。"即使是一个农民，也会为今年只有他多种了西瓜，又碰上西瓜涨价而有几分成功感，你买瓜时不妨说："老兄，你真有眼力，今年这西瓜行情算是让你瞅准了。"

真诚地赞美一个人引以为荣的事情，可以激发起别人对你的好感，别人也自然会充满对你的感谢之情，从而或支持你或更好地与你相处。

蒋介石曾经就任黄埔军校校长，这是他一生引以为荣的事情。在此期间，蒋介石不仅博得了孙中山先生的厚爱并被委以重任，而且也为国民党军队培养出一批杰出的将领，如杜聿明、邱清泉等人。黄埔学生军在东征和北伐中取得了辉煌战果，蒋介石对这时期的发达常常津津乐道，常常在客人面前提起。国民党军队中黄埔军校出身的军官都知晓他这个癖好，所以大家尊称他为"校长"，以表对他的崇拜和敬仰之情，蒋介石则乐此不疲，如果有黄埔学生称他："总裁""委员长"，他反而会不高兴。

赞美一个人引以为荣的事情，可以使他接受你的建议，从而改正自己的一些错误行为，让我们来看一个利用赞美过去而劝谏当下的例子。

楚汉之争的结果是刘邦打败了项羽，刘邦心里自然很骄傲，常常问群臣为何能打败项羽这个霸王，群臣深谙刘邦胜者为王的心理，于是对他赞美不已，刘邦遂产生了自满情绪，执政的积极性慢慢懈怠下来。一次他生病后整日留在后宫中，下令不见任何人，不理朝政。周勃、灌婴等许多身经百战的元勋都找不到办法。大将樊哙想出一个点子，闯进宫中进谏，他掷地有声地对刘邦的过去进行了一番赞美："想当初，陛下和臣等起兵丰沛定天下之时，何等豪情壮志！上下团结，同甘共苦，打败了项羽，建立了汉朝基业。"几句话激起了刘邦的自豪之情，然后樊哙话锋一转："现在天下初定，百废待兴，陛下竟这般精神颓废，群臣皆为陛下之病终日惶恐不安，陛下却不见大臣，不理朝政，而独与太监亲近，难道就不记得赵高祸国的教训吗？"

樊哙既称赞又巧妙地批评了刘邦，欲抑先扬，一片肺腑之言，终于使刘邦专心朝政，使民休养生息，汉朝一片欣欣向荣的景象。

在这里樊哙正是通过刘邦引以为荣的历史进行劝谏的，终于达到了说服刘邦勤政的目的。

经常赞美老人一生中引以为荣的事情可以使老年人更加幸福。

老年人奋斗一生，历经沧桑，如果你不了解、不赞美他们一生的成果，他们就会感到失望，许多老年人喜欢在晚辈面前谈起自己曾经历过多少风风雨雨，自己是如何艰难创业的，除了对你有教育意义之外，更希望得到晚辈的崇敬和赞美。

称赞一个人引以为自豪的往事必须注意以下三点：

第一，赞美的语言要表达准确，不能偏离事实。

第二，赞美必须是由衷的肺腑之言。

第三，赞美时要专心致志，让被赞美者感到你在分享他的快乐和光荣。

正所谓：与人善言，暖若锦帛。一拍即合的赞美艺术达到了至高的境界。

把力气使在节点上

美国人卡耐基说过："你即使喜欢果酱，那么钓鱼的时候，仍然不能用果酱作为鱼饵；而在这个时候，即使你厌恶蚯蚓，也得用它，因为你是在钓鱼。"这一比喻生动地说明了我们做任何事情都要抓住关键的地方，否则就会南辕北辙，离题千里，永远到不了目的地。

某煤矿公司总务科里有两位年轻人 V 先生和 Y 先生，两个人性格迥异。

总务科长 M 每回召开职工会议的时候，总会对手下的职工说："我们这种煤矿场和其他工厂不一样，工作时千万要小心谨慎。"这两句话成了他的口头禅，只要开会，他就会说一次。

V 先生将科长的口头禅牢记在心，并且把它当成福音到处宣传。在宿舍和矿场里，常常可以看到他吼骂工作人员，叫他们务必要小心谨慎，尤其是当 M 科长来巡视的时候，吼骂得更起劲。如此一来，颇讨科长的欢心。科长常赞美他说："嗯，很好，非常有精神，又很能干。"相比之下，Y 先生却是一个沉默寡言、认真苦干的老实人。

有一天，当交班的时候，M 科长突然叫 Y 先生的名字，并严厉地对他说："你今天跑到哪儿去了，我巡视时怎么没看见你？"Y 自觉有些委屈，哽咽地说道："今天我一进矿坑，就发现五片延伸顶有倾颓的危险，如果一不小心，就会陷落下来，因此我赶紧去找支架将它顶住，花了很多时间，根本没法工作。"其实科长根本没去巡视，他一向很喜欢玩这种游戏。

一年后 V 先生和 Y 先生分别调走了，职工们不知道 V 先生要走的日子，但是 Y 先生走的时候，他们夹道欢送。

这位科长犯了一个很明显的错误，他总是喜欢"睁着眼睛说瞎话"，对吼骂下属的行为大加鼓励，对兢兢业业的人横加指责，盲人摸象总要出乱子。

因此，这位科长的所谓赞美策略不用也罢，实在是败笔。

有一位女歌星，从日本到香港，打算小住之后，便到东南亚表演歌舞。她需要一两个短剧本，而在她的心目中，香港一位很有名的作家如果能够为她动笔就好了。这位作家学贯中西，文笔风趣，但他性情古怪，而且很忙。

这位歌星打电话给她的朋友，说她已得某导演的介绍，当晚要和该作家共进晚餐了，但她不知道怎样向他开口提出请求。

"你究竟打算请他写什么短剧？"

"随便他好了，只要他肯写就行。"

"这样是不好的，他不明白你的需要，可能写得不理想，等到他写好之后，你发觉不理想而又要请他改时，问题就会变得严重了！"

"我最希望他替我写哑女奇缘，不过要有新的内容，不要以前的故事。"

"这样很好，他以前写过不少这类东西，你只须说知道他写过这些剧本，十分崇拜就行。……"

过了两天，这位歌星给她朋友打电话，很高兴地说她成功了。

她朋友说："你们在晚餐时，你一直谈论他过去的那些得意之作，是吗？"

"你猜得很对，我主要讲起他的作品在日本如何受人欢迎。"

"对了，这就是应酬中恰到好处的肯定带来的成功。"

是的，任何人都有自己的生活方式，你要想与之相处，你要想通过赞美他来获得帮助或者成功，那么你就必须进入他的物质精神生活范围，这样，他才能在与你交往时处于亢奋状态，人在兴奋的时候，往往会泄露和允诺一些平时隐晦的事情。

记住，抓住那个令人兴奋的"节骨眼"，那么你一定就会成功。别像那位 M 科长，抬头看人，实际是看到天空，而没有找到他应该赞美的对象，结果蛋打鸡飞。

从小事出发去赞美别人

大多数人不愿从小事上去赞美别人，这是因为现实生活中的重重障碍，遮住了他们的视线。

其一，分工不同，责任不同，使人们认为别人做事是分内之事，是"应该"的，无需大惊小怪，做不好就要批评，做好了是责任，在这种心理的驱动下，很多人不能正视别人的小成绩。

其二，有人胸怀治国平天下的大志，但眼高手低。对于"小打小闹"不以为然，认为那些事普普通通，没什么了不起，小菜一碟，形同虚无。

其三，"熟人效应"。周围的人对大家来说，太熟悉了。要么，就是区区小事，不足挂齿，不用说什么；要么，就是熟视无睹。每天我们走在干干净净的马路上去上班，都觉得无所谓，脏了该骂清洁工。父母为你呕心沥血，碾平了生活道路上的坎坷，我们却只知衣来伸手饭来张口，他们在你眼里是"隐形人"。同事、亲戚、朋友时时都在关照你，你却受之泰然。

以上这些态度都是应当克服的。

就小事而论，它的确没有非常重要的意义，但用辩证法的观点去考察，却会发现一件小事往往会引发大事，几件小事加在一起就有可能产生意料之外的形态和意义。

一位巡警巡逻时发现仓库门口的灭火器坏了，及时报告给总经理。总经理安排相关负责人买了新的重新布置好。一晃半年过去了，谁也没有把这件事放在心上。有一天库房因电线短路突然起火，被及时扑灭，忙乱中，总经理首先想到的是那位细心的巡警。如果不是他发现灭火器坏了，及时更换，那么库房恐怕完了，公司也保不住了。于是，总经理及时表扬了这位巡警，并代表公司向他致谢，号召全体员工向他学习。事过半年了总经理在日理万机中竟然还记得巡警的报告。如果把事情割裂开想，一个小小的巡警恐怕早已被遗忘在某个角落里了，谁也不会发现报告的重大意义。千里之堤，溃于蚁穴，一滴水珠可以拯救沙漠中的旅行者，小事的确不可小视。要从小事赞美别人自己首先得做一个有心之人，善于发掘赞美的材料，看到小事身后的重大意义，这就要留心观察，细心思考。

小事犹如一块块未经雕琢的璞玉，如果你没有一双识别它们的慧眼，细心鉴别，它就永远埋在山野石林之中，人们很难发现其价值所在。

你了解你周围每一个人的长处短处吗？你每天有没有看到周围细

微的变化？你是否看中别人哪怕是一丁点儿的优点？……

无数的小事和有数的大事组成了我们繁杂的生活。如果我们只是睁大眼睛注视后者的"重大意义""历史性的价值"……那么你就会觉得生活很大程度上是虚空的，是乌托邦，我们的社会就像艾略特笔下的荒原。

相反，如果人人都去关注自己的周围，去发掘一滴水中的世界，那么在彼此的赞美中，人们获得的，是世间荡漾着的温情。

无论你是何许人，你的那些闪光之处（哪怕微乎其微）就会在明察秋毫的赞美的滋润下，使你获得生存的真正感觉。

赞美别人要"懂行"

赞美作为一门学问，其奥妙无穷，"懂行"是一个非常重要的法则。"懂行"的实质就是能紧握所赞美事物的实质，不说外行话，让别人听起来老练、成熟，从而对你的赞美心悦诚服。

一次，赵培鑫把唐在忻介绍给程砚秋大师时，夸奖他道："这是唐在忻，圣约翰大学的高材生，在忻对老生、青衣、花旦都拉得很好，近来潜心专研你的程腔，依我所听，简直跟周昌华拉得一模一样。"

当时，唐在忻正师从周昌华学胡琴，为京戏吊嗓子，还是一位名不见经传的年轻人，程砚秋是京剧大师、梨园名家，如果赵培鑫没有相当的介绍水平，这位年轻人恐怕不会引起程砚秋的注意。赵培鑫介绍得非常在行，他的术语，如"老生、青衣、花旦"用得恰当而娴熟，显示了自己对京戏有一定的研究，对京剧人才有一定的鉴赏能力，具有"伯乐"的眼光，一般情况下不会看错。特别是他说在忻正在潜心专研程砚秋创立的程腔，更令大师高兴。

其次，对某一行要有一定的造诣，你的称赞之辞才会使内行人接受，并视你为知己好友。还是以唐在忻为例，唐在忻同程砚秋的谈话，显示了这位年轻人对京剧的了解和认识。

程："你跟昌华学胡琴？"

唐："嗯，跟周先生学三年了。"

程："学戏吗？"

唐："也学。"

程："好（含笑点了一下头），刚才，培鑫说你原来拉余派老生？"

唐："是的，他的演出是我拉的，但我喜欢拉青衣，更喜欢你的戏！"

唐："你的唱腔深沉、细腻、节奏感强、新颖动听、富于变幻，特别是愁戏，感情丰富，包含有丰富的内容……"

程砚秋凝神听着，目光渐渐变得柔和而深邃了。最后他很高兴地说："好！我们京剧必须提高，就是需要文化水平高的大学生参加进来搞。我欢迎你啊！"后来二人成为挚友。

唐在忻对程砚秋的赞美，处处流露出在京剧方面的造诣，如果他不深谙此中道理，不能对程派唱腔做出如此内行而别致的评价，程砚秋大师怎么会轻易欢迎他？

作为戏曲名家，程砚秋左右不乏有崇拜者，赞美之辞也不绝于耳，然而唐在忻在行而颇有见地的精辟分析，爽朗而文雅的言论，深深地打动了程砚秋。

这个故事告诉我们，赞美别人要站在一定的高度上，只有站得高才能充分发掘出别人的优点和成就的意义，要注意考察别人的成绩或长处的影响范围，使你的赞美更加具体、贴切，从而达到出奇制胜的效果。

这当然需要在行，需要广博的知识和较高的素养。

赞美要注意过犹不及

马克思说："真理向前跨越一步就是谬误。"任何事都是这样的。几何学中，线段有一个黄金分割点，我们也常常用某种标准来衡量一件事物的是非好歹。我们生活的社会一直在向法制社会靠拢，希求有一个准则来使天下太平。孔孟的"中庸之道"，总是告诫门徒们"过犹不及"。

赞美也一样，有一个黄金分割点。我们不能对别人的赞美无动于衷，过于木讷，从而整日被动受累。这个发展中的社会是一个主动的社会，不了解其中秉性，不知道赞美，就有违人的本性，只能在磕磕碰碰的巷道里苟且生活，被社会遗忘，在默默无闻中虚度生命，这可以说是最令人伤心绝望的事。多数人在弥留之际的表情总是感慨与无奈的，因为大多数人都属于平庸之辈。像拜伦死前那样说"我现在要睡下了"的人微乎其微。是啊，我们总是对自己过去的事情抱憾，因为人生的黄金分割点隐藏得太深了，我们，包括绝大多数的人都没有适可而止地完成每一件份内的事。

尼采死前自称为太阳，他过度地赞美自己，他疯了。要知道赞美往前跨一步，它也会疯，变态成为溜须拍马的伎俩。适度的赞美，会使人心情舒畅；反之，则使人尴尬得很，反感恶心。为了防患于未然，合理把握赞美的"度"就成为每个不想扭曲人性，变疯或恶心的真正赞美者们必定要重视的问题。

事实上，绝大多数人皆属平庸之辈，到弥留之际的无奈与慷慨都缘于这个"黄金分割点"的不确定。但是"明知不可为而为之"的国粹精神是遗传到我们每一个人欲望中的，我们面对生存状态的艰难，必须要努力成为"中庸之道"的继承人，努力去寻找每件事的"黄金分割点"。具体做到赞美之术的"黄金分割点"上，有人统计总结出下面若干经验。

（1）赞美他人必须努力做到实事求是，恰如其分；

（2）赞美的方式因对象而定，"高帽子"乱送就会起到相反的效果；

（3）赞美他人的次数、频率都要适可而止，让别人失去新鲜感和成就感，赞美就会失效。

当一个母亲看到自己的孩子时就说："你是一个好孩子，我看到你，就感到欣慰，感到自己的生命在延续。"这种话很有分寸，不会使孩子在赞美之辞中产生不健康的优越感。但如果这位母亲说："孩子，我一看你就是个天才，你比其他人厉害多了，你今后会成为伟人……"

那会把孩子引入歧途。

物极必反，乐极生悲。自然界为我们创造了如此丰富的辩证法。要求我们要像庖丁解牛时的那把牛刀一样，从其中最准确的位置走过去。

赞美他人就是这样包含刺激与冒险的乐事。我们都努力去做，因为我们不想木讷于芸芸众生中，我们也不愿意自己或别人"发疯"。我们更愿意对孩子说："你是个好孩子，看到你我就感到欣慰……"我们更憧憬于将来的某一时刻，像拜伦那样轻松："我现在要睡下了。"

这都是赞美的"黄金分割点"给我们的满意的答案。

面对肥人就不说瘦话

古谚云：精诚所至，金石为开。只有真诚的赞美，才能使别人感到你是真诚地在发现他的优点，而不是作为一种明显的功利性手段去分享他的利益，从而使他动之以情，自觉自愿地"打开"你所需要的"金石"，或者接受你在赞美背后隐藏着的不满，从而达到赞美的最高目的。当你的赞美之辞从舌底间流出的时候，很大程度上，你的言语中包含的真诚百分比已经显露出来，写到被赞美者的脸上或者心中。这个快捷的过程让人感到赞美他人原来也有惊险的时候。

林肯在1863年4月26日给胡克少将写了一封信。这时正是南北战争中最黯淡的时期。信的内容如下：

"我已经命你为波托马克的陆军首长，当然，我之所以这么做，对我来说，有很充足的理由，不过我认为最好还是让你知道，在有些事情上，我对你相当不满意。

"我相信你是一名勇敢而战技纯熟的军人，当然，我十分欣赏你。我同时相信，你不会把政治和你的职业混为一谈，你这样做是对了。你对自己很有信心，如果这不是一种极为可贵的个性，必定是极有价值的美德。

"有野心，在适当的范围内，好处多于坏处。但我认为，在伯思塞将军指挥军队期间，你曾表现出你的野心，而尽可能反对他，你那样做，对国家和一位功劳最大的友军荣誉军官来说，是极大的错误。

"我曾经听说——由于言之凿凿使我不得不相信，你最近曾说，军队和政府都需要一位独裁者，当然并不是为了这个，而是由于我不予理睬，我才赋予你指挥权。

"只有那些有成就的将领，才可以被称为独裁者。我现在所要求你的是军事上的胜利，我甘冒独裁的危险。

"政府将尽一切力量来支持你，政府在过去和未来对所有指挥官都是如此的支持。我十分害怕你以前带到军中的那些精神，批评长官，不信任长官，现在可能会报应到你头上。我将帮助你，尽一切力量将之扑灭。

"……要以充沛的精力和不眠不休的精神向前推进，把胜利带回来给我们。"

连续 18 个月，林肯的将领们带领北方军队作了一次又一次的悲剧性撤退，除了生灵涂炭而外，没有什么可喜的结果。全国震惊，士兵开小差逃跑，甚至共和党的议员们也起来反叛，希望林肯辞职。"我们现在处在黑暗的边缘，对我来说，连万能的主也跟我过不去，我看不到一丝希望。"林肯就是在这样的危难之中写了这封信。

林肯用最真诚的语言指出胡克少将的种种优点并毫不掩饰地加以称赞，在赞美的言辞后面，又一针见血地说出了胡克将军所犯的过失。"甘冒独裁的危险"，希望他"把胜利带回来给我们"。

最真诚的赞美往往使人首先有知遇之感。你为什么对我了解得那么清楚？你平时是否是很留意我的才干？因为你发现了我的每一个优点所在，我宁愿改正错误来报答你的知遇之恩。胡克少将在接到林肯的信函时肯定会有类似的想法。

后来的军事胜利就证明了真诚的力量，林肯这个"又黑又瘦"的总统也因如此不会说一些"胖话"，而造就了自己的胜利。

真诚的赞美就像医生手术时的麻醉剂一样，让病人在没有痛苦的状态中成功地完成恢复康健的过程，就像早晨的阳光唤醒了美好的一天。

巧妙沟通十一：
委婉含蓄的艺术

　　社会生活纷繁复杂，人们总会遇到一些不便直言的事情或场合，这就要求我们要掌握委婉含蓄的说话技巧。含蓄就是在交谈或论辩中，不把本意直接说出来，而是采取曲折隐晦的方式表示本意，带有哑谜特色的一种当众讲话方法。

不要和别人发生争论

这并不是主张绝对不要和别人争论，在有的时候、有些场合，一个人应该为自己确信的真理和主张去和反对者争论，辨别是非。这种争论，有时还会发展到很激烈的程度。

但是，在一般交谈的场合，却要极力避免和别人争论，因为交谈的主要目的是促进彼此的了解，增进双方的友谊，是一种社交性的活动，一争论起来就很容易伤感情，和原来的目的背道而驰了。

然而，这也并不是说，在一般谈话的场合就完全放弃自己的看法，别人说黑，你也跟着说黑，别人说白，你也跟着说白，这样虽然可以避免争论，但你已经变成一个没有确定的主张和见解的应声虫，或者被人家看成不诚恳不老实的大滑头，这也会妨碍你和别人的正常交往。

如果要做到既不必随声附和别人的意见，又避免和别人争论，究竟有没有两全的办法呢？

答案是："有的。"

1.尽量了解别人的观点。在许多场合，争论的发生多半由于大家只看重自己这方面的理由，而对别人的看法没有好好地去研究、去了解。如果我们能够从对方的立脚点去看事情，尝试着去了解对方的观点，认识到为什么他会这样说，这样想。这样，一方面使我们自己看事情的时候会比较全面；另一方面也可以看到对方的看法也有他的理由。即使你仍然不同意他的看法，但也不至于完全抹杀他的理由，那么自己的态度就可以比较客观一点，自己的主张就可以公允一点，发生争论的可能性就比较地少了。

同时，如果你能把握住对方的观点，并用它来说明你的意见，那么，对方就容易接受得多，而你对其观点的批评也会中肯得多。而且，他一旦知道你肯细心地体会他的真意，他对你的印象就会比较好，他也会尝试着去了解你的看法。

2. 对方的言论中，你所同意的部分，尽量先加以肯定，并且向对方明确地表示出来。一般人常犯的错误就是过分强调双方观点的差异，而忽视了可以相通之处。所以，我们常常看到双方为了一个枝节上的小差别争论得非常激烈，好像彼此的主张没有丝毫相同之处似的，这实在是一件不智之举，不但浪费许多不必要的精力与时间，而且使双方的观点更难沟通，更难得到一致的或相近的结论。

解决的办法是，先强调双方观点相同或近似的地方，在此基础上，再进一步去求同存异。我们的目的是在交谈中使双方的观点更接近，双方的了解更深。

即使你所同意的仅是对方言论中的一部分或一小部分，只要你肯坦诚地指出，也会因此营造比较融洽的交谈气氛，而这种气氛，是能够帮助交谈发展，增进双方的了解的。

3. 双方发生意见分歧时，你要尽量保持冷静。通常，争论多半是双方共同引起的，你一言我一语，互相刺激，互相影响，结果就火气越来越大，情感激动，头脑也不清醒了。如果有一方能够始终保持清醒的头脑和平静的情绪，那么，就不至于争吵起来。

但也有的时候，你会遇见一些非常喜欢跟别人争论的人，尤其是他们横蛮的态度和无理的言词常常使一个脾气很好的人都会失去忍耐。在这种时候，你仍然能够不慌不忙，不急不躁，不气不恼的，将会使你可以能够跟那些最不容易合作的人好好地进行有益的交谈。

4. 永远准备承认自己的错误。坚持错误是容易引起争论的原因之一。只要有一方在发现自己的错误时，立即加以承认，那么，任何争论都容易解决，而大家在一起互相讨论，也将是一桩非常令人愉快的事情。在我们谈话的时候，我们不能对别人要求太高，但却不妨以身作则，发现自己有错误的时候，就立刻爽快地加以承认。这种行为，这种风度，不但给予别人很好的印象，而且还会把谈话与讨论带着向前跨进一大步，使双方在一种愉快的心情之中交换意见与研究问题。

5. 不要直接指出别人的错误。老一辈的人常常规劝我们不要指出别人的错误，说这样做会得罪人，是非常不智的。然而，如果在讨论问题的时候，不去把别人的错误指出来，岂不是使交谈变成一种虚伪做作的行为了么？那么，意见的讨论，思想的交流，岂不是都成为根本没有必要的行为了么？

然而，指出别人的错误的确是一件困难的事，不但会打击他的自尊和自信，而且还会妨碍交谈的进行，影响双方的友情。

那么，究竟有没有两全之道呢？

你可以尝试用以下的方法：

首先，你不必直接指出对方的错误，但却要设法使对方发现自己的错误。

在日常生活中，大家交谈的时候，并不是每一个人都能够始终保持清醒的头脑和平静的情绪，有许多人都有一种感情用事的毛病。即使那些自己很愿意跟别人心平气和地讨论问题的人，有时也不免受自己的情绪支配，在自己的思考与推论中，掺进一些不合理的成分。如果你把这些成分直截了当地指出来，往往使对方的思想一时转不过来，或是情绪上受了影响，感到懊恼异常。或者引起他的恶意的反攻，或者使他尽力维护他的弱点，这都是对交谈的进行十分不利的。

但如果在发现对方推论错误的时候，你把你交谈的速度放慢，用一种商讨的温和的语调陈述你自己的看法，使他能够自己发现你的推论更有道理，在这种情形下，他也就比较容易改变他的看法。

很多人都有这种认识：一个人免不了会看错事情，想错事情，假使他们能够自己发觉错误所在，他们就会自动地加以纠正。但是如果被人不客气地当众指出来，他们就要尽力去掩饰，尽力去否认，尽力去争执，因此为了避免使他们情绪激动，我们就不去直接批评他的错误，不必逼他当着众人的面说："我错了，"或者"我全错了"。有的人一看到别人犯了一点错误，就要把它死叮住不放，还加以宣扬，自鸣得意地让对方为难，这是一种幼稚的举动，是一种幸灾乐祸的态度，不是一种对人友好、与人为善的做法。

6. 最后，我们要改变一个人的看法和主张，并不是一朝一夕就可以成功的。所以我们不但不要心急地去使别人接受我们意见，反而更要争取长期和别人互相交谈的机会，让我们从心平气和的讨论中，逐渐把正确的真理，传播到朋友们的心中脑中。

拒绝他人要委婉

在社交活动中，人们常常遇到如下的情况：当别人有求于你，而你出于各种原因却不能接受，又不好直说"不行""办不到"，怕伤害对方的自尊心；对方提出一些看法，你不同意，既不想讲违心之言，又不愿直接顶撞对方；你看不惯对方的行为，既想透露内心的真情，又不愿意表达得太直露，以免刺激对方。为了很好地应答上述种种情况，就要在社交活动中学会巧妙地拒绝，根据不同的情境善于说"不"。这种拒绝的艺术可采取如下的一些方式方法。

（1）假托直言

直言是对人信任的表现，也是与对方关系密切的标志。但是，有时直言可能逆耳，不能收到预期的效果。在这种情况下，要拒绝、制止或反对对方的某些要求、行为时，可采取假托由于非个人的原因作为借口从而加以拒绝，这样对方就容易接受。

例如，某报社的推销员登门要求你订阅他们发行的报纸，可你不想订阅。你可以很有礼貌地说："谢谢。你们的服务很周到，可是我家已经订阅了其他几家报社的报纸了，请谅解。"

（2）反复申说

当别人侵犯了你的权利时，你要维护你的权利，一面坚持说你所需要的东西而不生气，也不急躁或高声喊叫，在一种冲突的情境中有效地表达你的意见。这种方法也叫"破唱片法"，即反复申说。

例如，你到商店去买东西，由于购物的人多，售货员少找给你五元钱。你向售货员提出，售货员因记不清而引起了纠纷。这时你要以一种平静而重复的声音诉说是如何少找还你钱的，直到问题得到解决。下面是店员和买主的一段对话：

买主：小姐，你少找给我五元钱。

店员：不会吧，我们总是一手交钱，一手付货。

买主：我相信你们总是这样做的，可是你确实少找给我五元钱。

店员：你有发货票吗？

买主：有（拿出发货票），你看，就是差了五元钱。

店员：（看发货票）你在这里买的是两双儿童的靴子。

买主：不错，你再算算，就是差五元钱。

店员：你看过你的衣袋没有？你是不是掉在哪儿了？

买主：不会的，我没动地方。我衣袋里再没有钱了。

店员：现在没法结算，快闭店时我们结账，你来一趟好吗？

买主：我是相信贵店的，一定会找到。

（3）模糊应对

在交往中，由于某种原因不愿意或不便于把自己的真实想法说给对方，这时就可以用模糊语言来应对。

例如，在医院里，一位患有严重疾患的病人问医生："我的病是不是很重，还有康复的希望吗？"医生回答："你的病确实不轻，但是经过治疗，安心养病，慢慢会好的。"这里的"慢慢会好"是模糊语言。这"慢慢"是多久，是说不清的，但给病人以希望，对病人是一个极大的安慰。

（4）可行性妥协应对

这种方法是明确表示你希望满足对方的要求，并表示同情，可是实际上是心有余而力不足，请对方谅解，而不直接拒绝。这样也能收到良好的效果。

例如，客户要求电信局安装市内住宅电话，由于供不应求，无法一一满足，但又不能拒绝客户的要求。回答时，应表示同情，并热情地说："满足客户的要求是我们应尽的责任，可是由于目前线路短缺，还不能全都解决，我们正在创造条件，请你耐心等待。"

（5）选择应答

选择应答是对对方提出的问题有选择地回答，而不直接否定对方提出不合己意的问题。

例如，你的同学问你："某某小说写得很不错，你认为怎样？"

你可以这样回答：

"还可以，不过我更喜欢某作家的某一本小说。"

再如，星期天你的妻子说："今天我们去看话剧好吗？"而你不愿去，却说："去看电影怎么样？"这样回答不会引起对方的反感，可能会同意你的意见。

（6）巧避分歧

对某一人某一事物有不同的看法，而你又一时说不出谁是谁非，这时就要本着"求大同，存小异"的原则，用巧妙的辞令含蓄地加以回避。

例如，有人问文艺理论家："你对当前争论最大的演员×××是怎样看的？"

理论家回答："过去我与×××素不相识，直到前不久开会时听了她的发言才算认识了她。关于×××的争论我不了解，无从谈起。只觉得对于像她这样的优秀演员，我们一定要珍惜，不应过多的苛求。我们这一代人，生活的人文环境不好，文化的营养很不足，在这种条件下，能够达到这样的表演艺术水平，太不容易了。我们应充分敬重她，不要苛求我们的演员。苛求，是一种罪恶。"这是巧妙地避开争论的问题又说出了一般人对×××持有的看法，可谓巧避分歧。

对于不同的意见要分开处理

处理不同意见和见解异议有以下四种基本方式：

一、不处理

我知道这种建议听起来好像很奇怪，但是我觉得有时候某些异议可以置之不理。比如，你在介绍计划时有人会说"听起来实施这个计划会很复杂"。对此，你的反应可以仅仅是一个会意的微笑，然后继续讲下去，不再理会。

在促销会上，有人可能会说"听起来会很花钱的"，对此你可以说"对"，然后继续解释你的计划，介绍从中得到的好处如何会大大地超出所需的投资。

我们在采取不理会的方法时应非常谨慎。这些异议如果对提问人来说真是问题的话，那么他会始终记着的，等你讲完后他还会提出来，这期间你说的什么他几乎都听不进去。

二、一段时间后再处理

我们可以这样说：

"巴里，提得好，一会儿我会讲到这个问题。"或者"我准备在讲投资部分时谈谈这个问题。我把它留到那时讲，好吗？"

另外，还必须注意巴里的身体语言和表情，确信他暂时已不会再纠缠这个问题，而且明白你会在后面讲解的。决不能让他有这样的感觉，认为你说后面再讲仅仅是希望大家会忘记这个问题。

三、立刻处理

通常情况下最好的方法是立刻就处理异议，当然这样做会打断你的发言或思路。你可以说：

"这是一个很好的问题，很高兴你能把它提出来。现在我们一起看看是怎么回事。"

"约翰，你说这个计划可能难以落实，能否再详细说说你的观点，让我能完全明白你的意思？"

你从这个问题的答复中能更好地理解约翰是怎么看待这个问题的。等他答复后你可以说：

"要是我理解得对的话……"针对他提出的异议，你重新措词解释来肯定你的计划。

四、提出之前就处理

对付潜在的问题，这是最有力的方法，能起到良好的作用。第一，这表明你为会议做了很好的准备，对提出的计划，你一定考虑了他人会怎么说。第二，你能把解答问题与你的发言内容有机地融合在一起，根据自己的时间表妥善处理各种异议。第三，你用自己的语言解释问题，而不用被动地等待他人的提问。第四，你显然是一点儿也不担心会有异议，否则，你是不会自己提出来的。

你会这样说：

"现在有些人会说这个计划可能难以落实，他们说的也许有点道理，但是……"接着解释计划将会如何容易地被落实完成。

"有些人会认为太贵了，但是我已经核查了所有必需的支出，平均下来每月只需一千八百英镑。而这项投资每月能产生六千七百英镑的收益。这是一项不错的投资，你们不会不同意吧？"

问题在提出前就解决了，这是最有效的方法。

该委婉时尽量委婉

委婉法是运用迂回曲折的含蓄语言表达本意的方法。在日常交际中，总会有一些人们不便、不忍，或者语境不允许直说的话题，需要把"辞锋"隐遁，或把"棱角"磨圆一些，使语意软化，便于听者接受。说话人故意说些与本意相关或相似的事物，来烘托本来要直说的意思。

委婉法是办事说话时的一种"缓冲"方法。委婉语能使本来也许是困难的交往，变得顺利起来，让听者在比较舒坦的氛围中接受信息。因此，有人称"委婉"是办事语言中的"软化"艺术。例如巧用语气助词，把"你这样做不好！"改成"你这样做不好吧。"也可灵活使用否定词，把"我认为你不对！"改成"我不认为你是对的。"还可以用和缓的推托，把"我不同意！"改成"目前，恐怕很难办到。"这些，都能起到"软化"的效果。

具体地说，委婉法有以下几种形式：

（1）讳饰式委婉法

讳饰式委婉法，是用委婉的词语表示不便直说或使人感到难堪的方法。

有时，即使动机好，如果语言不加讳饰，也容易招人反感。比如：售票员说："请哪位同志给这位'大肚皮'让个座位。"尽管有人让出了座位，但孕妇却没有坐，"大肚皮"这一称呼，使她难堪。如果这句话换成："为了祖国的下一代，请哪位热心人，给这位'有喜'的妇女大姐让个座位。"当有人让出座位时，这位孕妇就会对售票员表示感谢，并愉快地坐下。

（2）借用式委婉法

借用式委婉法，是借用一事物或他事物的特征来代替对事物实质问题直接回答的方法。例如：

在纽约国际笔会第四十八届年会上，有人问中国代表陆文夫："陆先生，您对性文学怎么看？"陆文夫说："西方朋友接受一盒礼品时，往往当着别人的面就打开来看。而中国人恰恰相反，一般都要等客人离开以后才打开盒子。"

陆文夫用一个生动的借喻，对一个敏感棘手的难题，婉转地表明了自己的观点——中西不同的文化差异也体现在文学作品的民族性上。以上例子，实际上是对问者的一种委婉的拒绝，其效果是使问话者不至于尴尬难堪，使交往继续进行。

（3）曲语式委婉法

曲语式委婉法，是用曲折含蓄的语言和商洽的语气表达自己看法的方法。例如：

《人到中年》的作者谌容访美。在某大学作讲演时，有人问："听说您至今还不是中共党员，请问您对中国共产党的私人感情如何？"谌容说："你的情报很准确，我确实还不是中国共产党员。但是我的丈夫是个老共产党员，而我同他共同生活了几十年尚无离婚的迹象，可见……"

谌容先不直言以告，而是以"能与老共产党员的丈夫和睦生活几十年"来间接表达自己与中国共产党的深厚感情。有时，曲语式委婉法比直接表达更有力，这种曲语式的委婉用语，真是利舌胜利剑。

含糊法是运用不确定的 或不精确的语言进行交际的方法。在公关语言中运用适当的含糊，这是一种必不可少的艺术。办事需要语词的模糊性，这听起来似乎是很奇怪的。但是，假如我们通过约定的方法完全消除了语词的模糊性，那么，就会使我们的语言变得十分贫乏，使它的交际和表达的作用受到限制。

例如：某经理在给员工作报告时说："我们企业内绝大多数的青年是好学、要求上进的。"这里的"绝大多数"是一个尽量接近被反映对象的模糊判断，是主观对客观的一种认识，而这种认识往往带来很大的模糊性。因此，用含糊语言"绝大多数"比用精确的数学形式的适应性强。即使在严肃的对外关系中，也需要含糊语言，如"由于众所周知的原因""不受欢迎的人",等等。究竟是什么原因,为什么不受欢迎,其具体内容,不受欢迎的程度,均是模糊的。

平时,你要求别人到办公室找一个他所不认识的人,你只需要用模糊语言说明那个人矮个儿、瘦瘦的、高鼻梁、大耳朵,便不难找到了。倘若你具体地说出他的身高、腰围精确尺寸,倒反而很难找到这个人。因此,我们必须至少在办事说话时放弃这样一种观念:"较准确"总是较好的。

(4)宽泛式含糊法

宽泛式含糊法,是用含义宽泛、富有弹性的语言传递主要信息的方法。例如:

现代文学大师钱钟书先生,是个自甘寂寞的人。居家耕读,闭门谢客,最怕被人宣传,尤其不愿在报刊、电视中扬名露面。他的《围城》再版以来,又拍成了电视剧在国内外引起轰动。不少新闻机构的记者,都想约见采访他,均被钱老执意谢绝了。一天,一位英国女士,好不容易打通了钱老家的电话,恳请让她登门拜见钱老。钱老一再婉言谢绝没有效果,他就妙语惊人地对英国女士说:"假如你看了《围城》像吃了一只鸡蛋,觉得不错,何必要认识那个下蛋的母鸡呢?"洋女士只好放弃了采访打算。

钱先生的回话,首句语义明确,后续两句:"吃了一只鸡蛋觉得不错"和"何必要认识那个下蛋的母鸡呢?"虽是借喻,但从语言效果上看,却是达到了"一石三鸟"的奇效:其一,是属于语义宽泛,富有弹性的模糊语言,给听话人以寻思悟理的伸缩余地;其二,是与外宾女士交际中,不宜直接明拒,采用宽泛含蓄的语言,尤显得有礼有节;其三,更反映了钱先生超脱盛名之累、自比"母鸡"的这种谦逊淳朴的人格之美。一言既出,不仅无懈可击,且又引人领悟话语中的深意,格外令人敬仰钱老的道德与大家风范。

(5)回避式含糊法

回避式含糊法,是根据某种场合的需要,巧妙地避开确指性内容的方法。

在涉外接待活动时，每当与外宾交谈会话中，遇到"难点"就应巧妙回避转移，例如：

一个美国客人在韶山毛泽东故居参观之后，中午在一家个体饭店吃饭，老板娘的一手正宗的湘菜，使这位美国客人吃得非常满意。他在付钱时，看到老板娘家境富裕，他突然提出如下问题：

"老板娘，如果你的老同乡毛泽东还在，会允许你开店吗？"

这是明知故问，其中含意不言自明。这时，老板娘略一寻思，就作出回答：

"没有毛主席他老人家，我早就饿死了，还能开什么店啊！"然后她接着说："如今，邓小平接了班，党的富民政策好，日子越过越美好！"

显然，美国客人意在用老板娘的回答，来否定毛泽东的历史功绩，乃因其中隐含一个必然的判断：毛泽东决不会允许你开店，那么你也富不了，因而，毛泽东应该是被否定的。而老板娘的答话，以回避正题的模糊法，反而作出令人折服的回答，既不轻慢美国客人，又维护了毛主席的威望，赞扬了如今的富民政策。由此，反映了韶山人民的心声："毛主席让我们站起来，邓小平让我们富起来了！"

含蓄说话是有深度的表现

社会生活纷繁复杂，人们总会遇到一些不便直言的事情或场合，这就要求我们要掌握委婉含蓄的说话技巧。含蓄就是在交谈或论辩中，不把本意直接说出来，而是采取曲折隐晦的方式表示本意，带有哑谜特色的一种当众讲话方法。

第二次世界大战后，一位记者问萧伯纳："当今世界上你最崇敬的是什么人？"萧伯纳答道："要说我所崇敬的第一个人，首先应推斯大林，是他拯救了世界文明。"记者接着问："那么第二个人呢？"

最能让人接受的说话方式

萧伯纳回答："我所崇敬的第二个人是爱因斯坦先生。因为他发现了相对论，把科学推向一个新的境界，为我们的将来开辟了无限广阔的前景，他对人类的贡献是无可估量的。"记者又问："世界上是不是还有阁下崇拜的第三个人呢？"萧伯纳微笑道："至于第三个人嘛，为了谦虚起见，请恕我不直接说出他的名字。"

细加揣摩便会明白萧伯纳的本意，记者们心领神会，对萧伯纳含蓄幽默的说话技巧钦佩不已，同时也得到了满意的答复。

在日常交际中，人们总会遇到一些不便说、不忍说，或者是由于语言环境的限制而不能直说的话，因此不得不"遁辞以隐意，谲譬以指事"（刘勰《文心雕龙·谐隐》），故意说些与本意相关或相似的事物，来烘托本来要直说的意思，使本来也许十分困难的交往，变得顺利起来。

在以下情形中你可以试用委婉含蓄的方法表达自己的意见，往往会收到意想不到的效果。

当你要表达难以启齿的事物、行为或要求时，含蓄的方法可帮你解围。

《贵阳晚报》曾介绍过一位卖夜壶的老大爷与一个顾客的对话：

冬天，一个顾客见有久违的夜壶上市，而且质量很好，造型别致，便去挑选。但选来选去，总感到太大，便自言自语道："好是好，就是大了点。"

老大爷闻言，笑道："冬天——夜长啊！"

顾客一听，会心地笑了，于是买了一把。对话中，这位老大爷用"冬天——夜长"一句话，含蓄地表达了"夜长尿多"的意思，幽默风趣。

对有些棘手的问题不便明言，但大家都能明白时，为照顾对方面子，维护自己的尊严，当众讲话时可含而不露，让听众去自己体会。

1972年2月21日，尼克松访华下榻在钓鱼台国宾馆。尼克松与基辛格及白宫来的工作人员被安排在18号楼，而国务卿罗杰斯等人住在不远的6号楼，基辛格以前两次来访时在这幢楼住过。尼克松从住处的安排就觉察出周恩来十分熟悉美国国情，知道美国权力设置的

"三权分立，权力制衡"的制度。

到达宾馆后，大家在会客厅摆成大圆圈的沙发上落座，周恩来总理和美国客人一一打过招呼，寒暄中不时开几次小小的玩笑，以活跃气氛。

当时由于中美未正式建交及历史原因，很多问题的表达都让人感到棘手。如何才能既维护自己的尊严又不令对方过于难堪成了外交活动的理想境界。在谈判时，采用含蓄的方式既能表达自己的意思，令对方一思即得，又能使谈判顺利进行，周恩来的外交风采就鲜明地体现在对含蓄方式的运用上。

晚上，在欢迎尼克松总统一行的酒会上，周恩来说："由于大家都知道的原因，两国人民之间的来往中断了20多年……"

这一"大家都知道的原因"真是绝妙，它既使在座的人们知道造成这一事实的原因是美国对新中国的封锁和干涉，又不伤美国人的面子。听到这一"原因"，在场的美国人和中国人都心照不宣，相视一笑。

当你发现领导或长辈确实犯了错误，又不便直接指出时，借助含蓄语言可以起到劝导作用。

齐景公滥用酷刑，百姓怨声载道。晏婴一直想借机劝谏。一天，齐景公对晏婴说："先生的房子离集市太近，狭小潮湿，喧闹而多尘土，我想给你换一处好房。"晏婴推辞说："离集市近，也有好处，买什么东西出门就到，再说，怎么敢烦劳众乡里帮我盖房搬家呢？"景公笑了笑，道："你离集市近，了解市价行情吗？"晏婴点点头。景公说："那你说现在市场上什么东西贵，什么东西贱？"当时齐景公对百姓采用的酷刑是砍掉双腿，因此市场上卖假腿的很多。于是晏婴趁机说："踊贵履贱。"意思是说市场上假腿需求量增大而不断涨价，而鞋却十分便宜。齐景公意识到自己的过错，从此免了砍腿的酷刑。

为防止产生误会，造成隔阂，也为了让对方接受建议，对一些特殊人物可采用婉言批评的技巧。

曹禺《日出》中方达生和陈白露有这样一段对话：

方：竹均。怎么你现在变成这样——

陈：这样什么？

方：呃，呃，这样地好客——这样地爽快。

陈：我原来不是很爽快么？

方：（不肯直接道破）哦，我不是，我不是这个意思……我说，你好像比从前大方得——

陈：我知道你心里是说我有点太随便，太不在乎，你大概有点疑心我很放荡，是不是？

在这段对话中，方达生本意是要批评陈白露"太随便"，但这样说怕伤了对方，而使用"好客""爽快""大方"等词语，婉转地批评了陈白露，使陈白露自然地警觉起来。这种婉言批评是一种正话反说，还有一种方法是先隐后现，即先引其亮出观点，而后提出事实，证明其观点错误，使其自我否定，达到教育目的。

当你不愿、不必或不需对一些错误言行进行直言批评时，运用含蓄的语言进行委婉、间接的批评，既可以给被批评者留面子，又能一语点透。永远要记住如果你不采用含蓄的语言进行委婉、间接的批评，而是严辞厉句地批评别人，也许你早就忘记了。可是，被你伤害的那个人却永远不会忘记。

说话要顾及对方的面子

中国人很看重"面子"问题，在同事、朋友间相互批评时也要注意这一点。生活中有不少人不是这样，常常无情地剥掉别人的面子，伤害了别人的自尊心，却又自以为是。其实，只要冷静地思考一下，对那些性格内向、爱面子或工作中偶有疏忽和性格敏感多疑的人，只需含蓄地表示一下这种批评的意思，就能达到理想的目的。

查尔斯·史考勃有一次经过他的钢铁厂，当时正是午休时间，他看到几个工人正在抽烟，而在他们头上，正好有一块大招牌，上面清清楚楚地写道："严禁吸烟。"史考勃没有指着"严禁吸烟"的牌子大声呵斥，而是朝那些人走过去，友好地递给他们几根雪茄，说："诸位，如果你们能到外面去吸掉这些雪茄，那我真是感激不尽了。"大家一听，想到自己违反了厂里的规定，于是个个将烟头熄灭了。史考勃的批评是含蓄地表露出来的，而且充满了人情味，因此，这样的批评谁都愿意接受。

当你不能肯定自己的某些要求愿望是否合理，别人是否支持，或为顾及风度不便直言提出时，借助含蓄语言可以帮助你维护自尊，避免尴尬，取得成功。

1954 年 4 月，周恩来总理赴日内瓦出席印度支那战争问题的日内瓦会议。一天趁休会，他邀请了卓别林夫妇到中国大使馆共进晚餐。席间，卓别林望着刚上桌的北京烤鸭，诙谐地说："我所创造的流浪汉夏尔洛，他走路时叫人捧腹大笑的步态，就是从鸭子走路的神态中得到启发的，为了感谢鸭子，我从那以后就不吃鸭子。"

这时，大家急忙向他表示歉意，他又说："不过，这次可以例外，因为这不是美国鸭。"卓别林的一席话，引得大家笑声不止。卓别林夫妇对北京烤鸭也赞不绝口。宴会结束时，周总理关心地问今天的菜是否合胃口，卓别林风趣地说："贵国的烤鸭，食味之好虽然举世无双，但有一个小小的缺点，就是不能让我再多吃。"

周总理听后，理解其意，嘱咐工作人员送两只烤鸭给卓别林夫妇。卓别林高兴得连声道谢。卓别林不愧为幽默大师，想吃烤鸭，又不便明说，于是借周总理问话之机，含蓄地道出了自己的想法，可谓得体自然，幽默风趣。

《谈薮》中记载了这样一件事：宋太祖曾当面答应授予张融司徒长史官职，可很长时间没有下令。于是张融上朝时，故意骑着一匹瘦得皮包骨头的病马。太祖见了，问："爱卿的马太瘦了，每天给它吃多少粮食？"张融说："每天喂一石。"太祖说："吃一石怎么这样瘦呢？"张融说："嘴里答应实际上不给。"太祖明白了张融的话。不久就授以司徒长史官职。

男女间表达爱慕之情，采用含蓄语言，既可避免尴尬，又充满浪漫色彩。电影《归心似箭》中，写了抗联战士魏德胜和女青年玉贞的一段对话：

魏："咳，要不是你，我早就喂了黑瞎子啦！这可是没法报答的恩情。"

玉贞："嗳哟，我就等着听这句话呢。你要报答我，那就一天给我挑两趟水。"

魏："那，容易，我就一天给你挑两趟。"

玉贞："挑到我儿子娶媳妇，挑到我闺女出门子，给我挑一辈子！"

魏："挑一辈子？"

玉贞："挑一辈子！"

一个普普通通的乡间女子，质朴、羞报，心底里的爱慕之情羞于出口，只好借助"挑一辈子"这句话，委婉地表达自己的恋情，既深沉，又动人。有这样一个例子：一对恋人在海边散步，男青年情真意切，对女青年海誓山盟，而女青年只是静静地听，并不说话。当男青年有些忐忑不安时，女青年才缓缓地说道："我是大海的女儿。"读过安徒生童话《海的女儿》的人都知道，美丽的小人鱼为了心爱的王子而献出了动人的歌喉以致生命。女青年的爱慕之情不便直说，而巧借小人鱼表达感情，暗喻要像小人鱼爱王子那样爱他的恋人。

但含蓄不是似是而非，故作高深，含蓄的目的，是让对方听出"言下之意""弦外之音"，达到讲话的目的。如果将含蓄理解为闪烁其词、躲躲闪闪，就与含蓄的宗旨背道而驰了。在鼓舞斗志、交流思想的当众讲话中，言辞还是坦白直接点好，讲话太含蓄会让人觉得你太虚伪、做作，反而听不懂你讲话的目的何在。而对于新闻发布、辩论等类型的当众讲话不妨含蓄一点，多用"弦外之音"。

说话一定要留有余地

大港油田某工厂有一批工人因厂里多年来一直半死不活，纷纷要求调动，对此，新厂长并没有大惊小怪，更没有埋怨指责，面对几百名"请调大军"，他发出肺腑之言："咱们厂是有很多困难，我也怵头。但领导让我来，我想试一试，希望大家能相信我，给我半年时间，如果半年后咱厂还是那个奶奶样，我辞职，咱们一块走？"

这些话语没有高调，朴实无华，既是人格的表现，又是模糊语言的恰当运用。厂长虽然坚决地表示决心，但语气中肯，"我也怵头""我想试一试"。他没有正面阻止调动，而恰恰相反，"如果半年后咱厂还是那个奶奶样，我辞职，咱们一块走"，像是在立"军令状"，把话往绝里说，然而，谁也不会相信，这是一个来"试一试就走"的厂长。相反，人们正是从他那人情入理、心底坦荡的语言中感受到了力量，看到了希望。这个工厂像是一个得了狂躁症的病人吃了镇静剂那样恢复了平静，一心要干下去的人增加了信心，失去信心的人振作了精神。模糊语言在这里发挥了神奇的作用。后来这个厂果然在这位厂长的带领下旧貌换了新颜。

1949 年，国共谈判时，毛泽东分别接见一些国民党政府代表，当刘斐和毛泽东谈起共同关心的问题时，表现出对于和谈的前景尚有怀疑，就试探着问毛泽东：

"您会打麻将吗？"

"晓得些，晓得些。"毛泽东回答道。

"您爱打清一色呢，还是喜欢打平和？"

"平和，只要平和就好了。"毛泽东听出了刘斐话中有话，笑着回答道。

在这里，我们听到了一连串的模糊语言，它一语双关，含不尽之意于言外。在某些特殊场合，不把话说绝，不仅会给自己留有余地，也表示对别人的尊重。我们在外交事务中，常常用"在适当的时候访问贵国"来回答国外的邀请，"适当的时候"，就是模糊语言，它既显得彬彬有礼、十分中肯，又给我们自己创造了一个宽松的环境。这就是我们通常所说的"弹性外交"的很好运用。试想若用"不打算去"或"马上就去"或"某月某日去"即非常确定的语言来回答，其效果都不理想，势必把自己逼向"绝境"。

在日常工作中，柔性管理和"弹性外交"有异曲同工之妙，作为一个管理者，要想用好柔性管理，首先要端正思维方式，冲破传统的、习惯的"非此即彼"的思维约束，寻求两个对立极端的中间状态，使其真正与现实问题相吻合。彻底抛弃"非对即错""非社即资""非黑即白"等长期困扰我们的违反辩证法的极端观念。

一位伟人曾针对这种"绝对分明的和固定不变的界限"指出："除了'非此即彼'，又在适当的地方承认'亦此亦彼'？"

那么，与其如此，我们不如趁早上路，在社交的广阔领域中，给话语、给自己创造一个真正广阔的天地。

说话一定要有尺度

人与人之间沟通，懂得如何说话、说些什么话、怎么把话说到对方心坎里，这些都是很重要的地方。嘴上功夫看似雕虫小技，却有可能因此扭转你的一生。

西汉初年，汉高祖刘邦打败项羽，平定天下之后，开始论功行赏。这可是攸关后代子孙的万年基业，群臣们自然当仁不让，彼此争功，吵了一年多还吵不完。

汉高祖刘邦认为萧何功劳最大，就封萧何为侯，封地也最多。但群臣心中却不服，私底下议论纷纷。

封爵受禄的事情好不容易尘埃落定，众臣对席位的高低先后又群起争议，许多人都说："平阳侯曹参身受七十处伤，而且率兵攻城略地，屡战屡胜，功劳最多，应当排他第一。"

刘邦在封赏时已经偏袒萧何，委屈了一些功臣，所以在席位上难以再坚持己见，但在他心中，还是想将萧何排在首位。这时候，关内侯鄂君已揣测出刘邦的心意，于是就顺水推舟，自告奋勇地上前说道：

"大家的评议都错了？曹参虽然有战功，但都只是一时之功。皇上与楚霸王对抗五年，时常丢掉部队，四处逃避，萧何却常常从关中派员填补战线上的漏洞。楚、汉在荥阳对抗好几年，军中缺粮，也都是萧何辗转运送粮食到关中，粮饷才不至于匮乏。再说，皇上有好几次避走山东，都是靠萧何保全关中，才能顺利接济皇上的，这些才是万世之功。如今即使少了一百个曹参，对汉朝有什么影响？我们汉朝也不必靠他来保全啊？你们又凭什么认为一时之功高过万世之功呢？所以，我主张萧何第一，曹参居次。"

这番话正中刘邦的下怀，刘邦听了，自然高兴无比，连连称好，于是下令萧何排在首位，可以带剑上殿，上朝时也不必急行。而鄂君因此也被加封为"安平侯"，得到的封地多了将近一倍。他凭着自己察言观色的本领，能言善道，舌灿莲花，享尽了一生荣华富贵。

说话，要懂得什么时候说什么话；说了，还要为自己说过的话负责。一个人如果不是真材实料，如果没有真知灼见，从他嘴里吐出来的话也许能一时吸引他人，却不能一世蒙蔽他人。

说话要有尺度，尺度拿捏得好，很普通的一句话，也会平添几许分量，话少又精到，给人感觉深思熟虑。而说话的尺度决定与你谈话的对象、话题和语境等诸多因素的需要。换句话说，要言之有度。

有度的反面则是"失度"，什么叫做"失度"呢？一般说来，对人出言不逊，或当着众人之面揭人短处，或该说的没说，不该说的却都说了。这些都是"失度"的表现。下面我们就简要介绍一些在谈话中禁忌的话题，接触这些话题容易导致谈话"失度"，产生不良效果。

（1）随意询问健康状况。向初次见面或者还不相熟的人询问健康问题，会让人觉得你很唐突，当然如果是和十分亲密的人交谈，这种情况不在此列。

（2）谈论有争议性的话题。除非很清楚对方立场，否则应避免谈到具有争论性的敏感话题，如宗教、政治、党派等易引起双方抬杠或对立僵持的话题。

（3）谈话涉及他人的隐私。涉及别人隐私的话题不要轻易接触，这里包括年龄、东西的价钱、薪酬等，容易引起他人的反感。

（4）个人的不幸。不要和同事提起他所遭受的伤害，例如他离婚了或是家人去世等。当然，若是对方主动提起，则要表现出同情并听他诉说，但不要为了满足自己的好奇心而追问不休。

（5）讲一些不同品味的故事。一些有色的笑话，在房间内说可能很有趣，但在大庭广众之下说，效果就不好了，容易引起他人的尴尬和反感。

在人际交往中，谈话要有尺度，认清自己的身份，适当考虑措辞。哪些话该说，哪些话不该说，应该怎样说才能获得更好的交谈效果，是谈话应注意的。

同时还要注意讲话尽量客观，实事求是，不夸大其词，不断章取义。讲话尽量真诚，要有善意，尽量不说刻薄挖苦别人的话，不说刺激伤害别人的话。

社交场合你要把握火候

把握说话的火候，主要就是把握说话的分寸。说话的分寸把握，我们在上文中已经讲了不少，现在着重讲一下在社交场上，如何在自己的上司面前说话，这是人际关系中一门重要的学问，但我们如果能很好地把握好与上司说话的火候，前程与事业上的一些难题，自然会迎刃而解。

生活中，我们有时在领导面前说错了话，虽不至于掉脑袋，但后果却也会很糟糕。

俗话说，伴君如伴虎。上司毕竟不像一般同事。何况一般同事之间也应该注意分寸，说话不能太无所顾忌。与领导相处，就更应该注意，平时说话交谈、汇报情况时，都要多加注意。特别是一些让领导不快的话，就更要小心把握。如：

"不行吗？没关系？"这话是对领导的不尊重，缺少敬意。退一步来讲，也是说话不讲方式方法，说了不该说的话。

"无所谓，都行。"这句话会让领导认为你感情冷漠，不懂礼节。

"您不清楚？"这句话就是对熟悉的朋友也会造成很大的伤害，对领导说这样的话，后果更加严重。

"有劳了。"这句话本来应该是上级对下级表示慰问或犒劳时说的，下级如果对上级这样说，后果似乎不太妙。不小心说错了话如何补救呢？在领导面前说错了话，一旦反应过来，要立即就此打住，马上道歉。不要因害怕而回避，应面对事实，尽量避免伤害对方的人格和面子，必要时可以再进行说明，而不必要的辩解只会越描越黑。

不经意地说："太晚了？"这句话的意思是嫌领导动作太慢，以至于快要误事了。在领导听来，肯定有"干吗不早点"的责备意味，你看这话能说吗？

"这事不好办。"领导分配工作任务下来，而下级却说"不好办"，这样直接地让领导下不了台，一方面说明自己在推卸责任，另一方面也显得领导没远见，让领导没有面子。

"您真让我感动。"其实，"感动"一词是领导对下级的用法，例如说："你们工作认真负责不怕吃苦，我很感动。"而晚辈对长辈或下级对上级用"感动"一词，就不太恰当了。尊重领导，应该说"佩服"。如："经理，我们都很佩服您的果断。"这样才算比较恰当。

另外，过度客气有时反而会招致误解。和领导说话应该小心谨慎，顾全大体。但顾虑过多则适得其反，容易遭受误解。所以应该善于妥善处理，以平常心去应对，习惯成自然，对这类情况就可以应付自如了。如果想克服胆小怕事的心态，有时越是谨慎小心，反而越容易出错，而一旦被上司误认为没有魄力，自然就得不到重用。